Chihiro Ito

伊藤千尋

世界を変えた勇気

自由と抵抗51の物語

はじめに

これまで新聞記者を40年、そしてフリーのジャーナリストを5年、計45年ジャーナリストとして仕事をし、世界82か国を取材しました。そこで見たのは、独裁や抑圧、差別や貧困といった劣悪な状況に置かれている人びとが、人間としての誇りをもち、自由を求め、だれもが輝ける社会をつくろうと努力する姿でした。

ひるがえって、いまの日本で若者に話しかけると、「なんだかんだ言っても日本が一番」「特に世界のことを知りたいとは思わない」といった言葉が多く返ってきます。

自分の社会が一番というのは傲慢です。知ろうとすることをやめるのは、知性をもった人間であることを放棄することです。

アメリカには特派員として3年近く住みましたが、アメリカに長く住んでいる日本人がこう言いました。「日本人は文句を言うだけ。アメリカ人は文句を言う前に行動する」

残念ながらその通りです。文句を言うだけで何もしなければ、社会は変わりません。

日本で長く取材してきたドイツ人の記者が最近、帰国しました。そのさい彼は、「昔の日本は前向きだった。いまはあらゆる面で後退している。会議など、最初から結論が決まっているようなものばかりだ。悲しい気持ちで日本を去らなくてはなりません」と言いました。

また、「戦後のドイツは民主主義を贈り物ととらえて活かそうとした。日本は押しつけととらえて形だけのものにした」とも苦言を呈しました。

いま、世界も日本も大きく変わりつつあります。市民がより良い社会をめざすことをあきらめ、政治に無関心になってしまったら、状況はいっそうひどくなります。

でも、変えようと思えば変えられます。変えようとする意志をもち、それを行動に移せば、世の中は変わります。

この本に書いたのは、行動した人びと、世界を変えた勇気の物語です。世の中何かおかしいと思うけれど、何がおかしいのかわからない。何かしたいけれど、どうしたらいいか見当がつかない。そんな思いをもっている人にこそ読んでいただきたいと思います。一人ひとりが自分にできることを見つけて行動すれば、社会を変えることができます。

伊藤千尋

世界を変えた勇気
自由と抵抗51の物語

目 次

1 沈黙しない、あきらめない——南米——9

2 おおらかに前を向いて——中米・カリブ諸国 43

3 孤立することを恐れず——米国 73

6 望むものは自分で勝ち取る――アジア―― 133

1

沈黙しない、あきらめない

南米

歓喜の歌――チリ

南米のチリは日本とよく似ています。南北に細長く山脈が貫き、富士山そっくりの山があります。茅葺《かやぶ》き屋根の農家が点在する南部の田園地帯はまるで長野県のよう。10ペソ硬貨の図柄は日本の10円玉そっくり……。

日本で食べるウニやカニは、そのかなりがチリ産です。南米大陸最南端の町、プンタアレナスの港を歩いていると、船員が採ったばかりの大量のウニをくれました。その場で殻を割って指ですくって食べていると、船員は白ワインをウニの殻に注いでくれるのです。おいしいし、うれしい。

南米大陸の食文化はアンデス山脈を境に東西に分かれます。東の大西洋側は肉食で、アルゼンチンの赤ワインが素晴らしい。西の太平洋側は魚食で、チリの白ワインが絶品です。

チリは国民性も日本に似ていて、勤勉で清潔好きで几帳面です。知的美人が多いのもチリの特徴です。

そのチリの人びとは、戦前の日本の軍国主義のような軍事独裁政権を覆《くつがえ》しました。この国では1970年、選挙で社会主義の政権が誕生しました。しかし、3年後の73年、ピノチェト将軍率いる軍部がクーデターを起こしたのです。そのさい、わかっているだけでも3000人以上の市民を虐殺しました。

以来、軍事独裁政権が続きました。政府に反対する者は逮捕され収容所送りです。新聞もテレビも検閲され、ものが言えない社会になりました。それでも国民はめげずに民主化を求める抗議行動を起こしたのです。

いま僕の手元に、直径5センチほどの丸い小さなオカリナがあります。84年にチリの首都サンティアゴの街角で買ったものです。

これを買った日は反軍政国民抗議デーでした。反政府集会が開かれるという広場に行くと、ベンチでおじいさんが新聞を読み、おばあさんがハトに豆をやっています。隣のベンチでは、カップルが甘い言葉をささやきあっています。抗議行動の日らしからぬ平和な光景です。

ところが、大聖堂の鐘が正午を告げた途端、おじいさ

んは立ち上がって新聞を投げ捨て「民主化、万歳！」と叫びました。おばあさんはハンドバックから紙ふぶきを取り出してまきます。カップルも「独裁者は去れ」とこぶしを振りました。

逮捕されるのを避けるため、その時が来るまで無関係を装っていたのです。またたくまに300人が集まりました。そこに警察の放水車が来ました。最初に水を浴びたのが僕です。強烈な水圧を腹に受けて石畳を転がりました。

水には催涙ガスが含まれています。当時、世界で最悪といわれたほど毒性が強いガスです。涙が止まらず、目を開けていられません。涙をぬぐいながら、なんとか開けた目に見えたのは、銃を水平に構えた兵士たちでした。20人ずつが広場の四隅から突入し、参加者の頭をこん棒でめった打ちしました。石畳がみるみる流血で染まります。

目の前で展開する弾圧を見ながら僕は、ここに集まった人たちの意志を感じていました。老人も若者も、弾圧されることを承知でここに来たのです。殴られ逮捕されることがわかっていても、身体《からだ》を張って民主主義を主張したのです。

集会には参加できない人も、歌を歌うことで反軍政の意志を表しました。その日の朝、食堂のボーイはベートーベンの第九「歓喜の歌」を口笛で吹きながら朝食を運んで来ました。昼、現場に向かうタクシーの運転手はこの曲をハミングしながら運転しました。

夕方、路上で青年がこの曲を演奏しながらオカリナを売っていました。その青年が教えてくれました。この歌が民主化運動のテーマソングなのだと。人びとは苦悩を突き抜けて歓喜に至る願いを、この歌に込めたのです。青年から買ったのがこのオカリナです。

夜になると夜間外出禁止令が出ました。窓の外からカン、カンという音が聞こえます。主婦の「鍋たたき運動」です。ひどい政治のせいで食べ物がなく鍋が空っぽだという怒りの表現です。四方から響く鍋の音は15分続きました。そのあと流れてきたのが「歓喜の歌」でした。

その日から4年経った88年、軍事政権がつくった憲法に沿ってこのまま軍政を続けるか、民主主義に戻るかを問う国民投票が行われました。軍政側は自信満々でした。なにしろメディアを完全に掌握しています。野党は17党に分裂しています。負けるはずがありません。

しかし、国民はこの機会を逃しませんでした。そこに登場したのが元祖「野党共闘」だったのです。

（次項に続く）

明るい野党共闘――チリ

軍事独裁政権が15年も続いた南米チリで1988年、国民投票が行われることになりました。このまま軍政を続けるか民主化するかを決める重要な投票です。

民主化を求める人びとは最初、奇跡が起きなければ勝てないと思っていました。新聞もテレビも厳しく検閲されて政府の主張しか載せません。おまけに野党は17もの党に分裂して力がなかったからです。

一方、軍政側は自信満々でした。反対派の市民を手当たりしだいに逮捕して国外に追放したため、国民の大半は軍事政権を支持していると思い込んでいました。おごった軍事政権は、与野党の双方に約1か月間、1日15分、テレビで選挙キャンペーンを流すことを認めました。民主主義の体裁を装うためです。与党は15分まるまる使えますが、野党は1党につき1分もないので影響力がないと踏んだのです。

このとき市民が奇跡を起こしました。分裂していた野党が結束したのです。左派や中道だけでなく、保守派の中でも独裁を嫌う人びとを巻き込み、民主化の一点で団結したのです。16の党が政治連合を結成し、残る1党ものちに合流しました。元祖「野党共闘」です。

選挙キャンペーン用のテレビ番組の製作が始まりました。ベテランの政治家たちは「どうせ負けるのだから、軍政への不満を番組でぶちまけよう」と言いました。できあがったサンプル映像は暗く憂鬱なものでした。

実際に放送された映像を制作したのは、2人の広告マンを中心としたチームです。彼らはサンプル映像をつくった政治家に異議を唱えました。「国民は本心では民主主義を求めている。みんなが投票で本音を出せば勝てる」と主張したのです。

その方針のもとで制作した番組は、ひたすら明るいものでした。警官の目を気にせずにピクニックを楽しむ家族など、自由が回復したら素晴らしい社会が来るという明るい未来を目に見える形で示したのです。

広告マンの家に脅迫電話がかかり、息子の命が危険にさらされました。広告会社に政府から圧力がかかり、上司が2人のクビをほのめかしました。でも、彼らはめげなかった。

最初は「内容が楽天的すぎる」と考えた石頭の政治家たちも、間もなく賛成しました。だって暗いより明るいほうがいいですから。自由を愛する芸術家や文化人らが画面に登場し歌ありユーモアあり、見ていて幸せになる番組ができました。

ロゴもつくられました。夢を誘う虹のマークと軍政への「NO」を組み合わせたものです。テーマソングもできました。「チレ！　アレグリア・ジャ・ビエネ」というワンフレーズです。だれもが口ずさめる、覚えやすくて軽快なメロディーです。「チリ、ようやく歓喜がやってくる」という意味です。

「歓喜」と聞いて思い当たるものがあります。国民投票の4年前の反軍政抗議行動のさい、人びとがテーマソングとして歌ったのがベートーベンの第九「歓喜の歌」でした。悲痛な思いで待ち望んだ歓喜が、今回のたった1回の投票で現実になる。そんなワクワクする思いをこの短い言葉に込めたのです。

深夜のテレビで毎晩放映された15分のこのメロディーは、瞬《またた》く間に街に広がりました。調子がいいものですから、軍人の子どもも覚えて歌います。重く見えた歯車は、いったん動き出すと急速に回りはじめました。

団結した人びとは地域を分担し、街頭に出て対話を試みました。あきらめていた有権者の家を1軒1軒回って、素直な気持ちで投票しようと笑顔で訴えたのです。人びとがだんだんその気になってきました。

（次項に続く）

「NO!」という声をあげた市民――チリ

軍事政権を続けるか、それとも民主化するかを問う国民投票の日がやってきました。

かつてバラバラだった野党は民主化の一点で強く結束し、急速に堅い組織となりました。「運動本部」がつくられ、市民も結集しました。日本の「9条の会」のような小さな組織がチリ全土に無数に生まれ、有権者にきちんと選挙登録することを訴えて回りました。

投票の当日は、政府が不正をしないよう2万3000個の投票箱1つずつに市民側の立会人をはりつけました。選管が票を不正に数えないよう開票所でも見張り、独自の選挙本部で票を集計してこまめに発表しました。

投票の結果はどうだったでしょうか。軍政の続行に「NO」が55%を占めたのです。過半数です。賛成は44%にとどまりました。

驚いたのは独裁者ピノチェト将軍です。もう一度クーデターをやろうと配下の将軍を集めました。しかし、もはや軍政の時代ではないと悟った将校たちはそれに耳を貸さず、さっさとテレビの前で敗北を認めました。独裁者は孤立しました。

この奇跡の一部始終をドキュメンタリー・タッチで描いた映画が『NO』です。日本でも2014年に公開されました。選挙キャンペーンの番組を制作した2人の広告マン(前項参照)は、映画では1人の人物として描かれています。機会があれば、ぜひ見てほしい映画です。

「NO」といえば僕には思い出深い本があります。民主化したあとのチリを訪れて書店に入ると、簡素なつくりの薄い本が目につきました。表紙には赤く大きな文字で「NO」、あご髭を生やした男が警察に連行される写真が載っています。本のタイトルは『ピノチェトにNO』です。

手に取って心が震えました。連行されていく人物が著者で、「共謀罪」のような法律で逮捕された反政府雑誌の編集長です。彼が獄中でタイプライターを打って書いた社説をまとめたのがこの本でした。

国民投票の翌年、民主国家に移行するための大統領選挙が行われました。ここでも野党共闘の候補が軍政側の候補を破りました。このとき野党が一致して推したのは保守系の候補です。次の選挙も民主連合が推す保守系の候補が軍政側の候補を破りました。

その次の2000年の大統領選挙では左派の社会党のラゴス党首が統一候補となって当選しました。僕が1984年に取材した首都中心部の流血の反政府集会のさい、冒頭で演説したのが彼でした。

　そのあとの２００６年に当選したのはチリで初の女性大統領、社会党のバチェレさんです。１９７３年の軍事クーデターのさい、クーデターに反対したために投獄され、獄中で虐殺された空軍の司令官がいたのですが、その娘です。

　バチェレさん自身、クーデターで投獄され、その後は国外に亡命を強いられました。その彼女が政権を握ったのです。チリは大きく変わりました。

　一方のピノチェト将軍は殺人や不正蓄財の罪で起訴され、２００６年に病死しました。市民を虐殺した軍人や諜報機関の高官たちへの実刑判決が、このところ相次いでいます。

　歴史の歯車は回そうとする人がいなければ回りません。チリでそれを実行したのは普通の市民でした。軍政という強権政治でさえ、投票で変えることができたのです。

　次は私たちの番です。必要なのは困難な状況にあきらめない楽天性、夢を現実にしようとする意志と具体的な行動です。現状の暗さを否定するだけでなく、明るい未来像を示すことです。

　奇跡は待つものではなく自ら起こすもの。それがチリの教訓です。

獄中のタイプライター――チリ

1973年のクーデター直後、チリの軍事政権は革新的な3000人以上の市民を虐殺しただけではなく、逮捕した市民を砂漠や南極に近い無人島の収容所に送り、病気や拷問で多くの人の命を奪いました。亡命を強いられた人は100万人を超えます。

その後、軍事独裁のもとで恐怖政治が続きました。しかし、10年すると反軍政の国民抗議行動が起きました。そのさなかの84年に、僕は特派員としてチリをはじめて訪れました。

首都中心部の広場で民主化を求める抗議集会が開かれ、郊外のスラムでは道路を封鎖してデモが行われました。軍政は鎮圧の兵士を派遣したましたが、市民の抵抗運動は収まらなかった。やがて政府は戒厳令を敷きました。街頭に戦車が出動し、交差点には自動小銃を水平に構えた完全武装の兵士が立ちました。

ものものしい雰囲気の街を歩いたとき、雑誌を売るキヨスクを何気なく見て驚きました。反政府運動の写真を表紙に掲げた雑誌が置いてあったのです。軍のクーデター以来、新聞も放送も出版物もすべて検閲されています。軍政を批判するニュースは報道されないはずです。

ところが、民主化を求める雑誌が目の前で堂々と店頭に並んでいる。これまでの反政府行動の様子が写真入りの記事で載っているのです。

最後のページに出ていた住所を頼りに、編集部を訪ねました。郊外の一軒家でした。ベルを押すと中年の女性が出てきました。「編集長にお会いしたい」と言うと、「編集長は警察に逮捕されて投獄されている」と言います。

「では、副編集長を」と言うと、その女性が副編集長でした。モンケベルクさん。41歳で5人の子の母です。軍政下でなぜこんな雑誌が出せるのか、僕は質問しました。

「憲法で、チリは民主主義共和国であると定めています。民主主義の下では出版の自由があるはずです。軍政の政策を憲法違反だと訴えました。負けても負けても訴訟を起こし、ついに認めさせたのです」と話してくれました。

こうして印刷された雑誌が店頭に出るのです。しかし、軍の兵士がすぐに店をまわって行政権限で回収します。そのわずかな間だけ店に雑誌が並ぶのです。

「反政府雑誌を出して大丈夫なのですか」と問うと、「大丈夫じゃないから編集長が逮捕されたんです」と彼女は答えた。ああ、そうでした。

戦時中の日本の特高警察の拷問を思い出した僕は「編集長は獄中でどうしているのですか。

拷問されていませんか」と質問しました。彼女は言いました。「編集長はタイプライターを差し入れさせて、獄中で次の号の記事を書いています」と。
それを聞いて心底、驚きました。「日本の軍政下ではあり得ませんでした。どうしてそんなことができるのですか」と問うと、彼女は言いました。
「だから言ったでしょう。憲法が〝民主主義共和国〟と規定している。憲法に訴えるのです。被疑者は差し入れを要求する権利がある。拒否されるたびに主張し、法廷闘争を何度も起こして、ついに認めさせました」と。
どんな状況でもあきらめない、したたかな市民の闘いの見本がここにあります。自由な言論と民主主義の回復のため、チリの人びとは沈黙せずに闘った。その手段として憲法を最大限に使ったのです。

法王と青年——チリ

手元に葉書大のカードがあります。オリーブの葉をくわえ、チリの国旗を握り締めたハトが鉄条網にとまっている姿のそばに、こう書いてあります。

「奴らは、まず平和のハトを撃ち殺した。次に自由のハトを檻に入れた。しかし、私たちにはなお希望のハトが残っている」

十字架に磔《はりつけ》になったハトを描いたカードには、「パンか自由か、どちらかを選べと問われるなら、自由を取る。自由を武器に、パンを得るために戦う」と。

じつに凛《りん》とした、毅然とした人びとではありませんか。どんな苦境でもあきらめない信念が、ついに自力で民主化を勝ち取ったのです。

チリでは、目に焼き付いて忘れられない光景があります。軍政時代の1987年にローマ法王ヨハネ・パウロ二世が訪問したとき、若者による歓迎集会が開かれました。場所は軍部がクーデターを起こしたさいに反対派の市民を虐殺した国立競技場でした。

競技場の芝生の中央に置かれた椅子に座る法王の前に、青年が歩み出ました。青年はマイクを前にしばらくうなだれたままです。8万人の観衆を前にあがってしまったのかと思いましたが、そうではありませんでした。彼はキッと顔を上げて言いました。

「法王様、チリへようこそいらっしゃいました。僕のポケットには法王様への歓迎の辞が入っています。しかし、それは政府が検閲したもので、嘘《うそ》が書かれています。これを読むことはチリの国民を裏切ることです。僕はあなたに嘘をつくことはできません。真実を語りたい」

そう言って、軍政下でいかに国民が虐待されているか、若者たちは仕事がなく、女性たちがいかにひどい状況に置かれているかをとうとうと述べました。テレビで全国中継されている場で、青年はあからさまな軍政批判をしたのです。あとでどんな災難が降りかかるか、想像するだけでも怖いことですが、彼は恐れなかった。

彼の言葉を聞いた法王は立ち上がり、叫ぶように言いました。「若者よ、あなた方の責任を果たしなさい。祖国の将来はあなた方にかかっている。社会を変革し、より人道的なチリの建設のため、若者よ、立て！」

まるで法王が若者に革命を起こせとけしかけるような発言です。青年の勇気に触発されたのでしょう。

法王の公式な発言はあらかじめ印刷されて僕たち記者に配られていました。しかし、このとき法王はそこに載っていない言葉を連発しました。

とりわけ何度も口をついたのが「この世界で社会正義が実現されなければならない」という言葉でした。

社会が正義をなくしたとき、間違った社会に対して間違っていると言う勇気、公正で公平な社会をめざして行動する勇気を、このチリの若者は身をもって示しました。彼はその直後、軍政側の暴力団によって暴行を受けましたが、彼の意志は民主化によって報われたのです。

いま、日本に社会正義はあるでしょうか？　米国流の強欲な資本主義のせいで不平等と格差が広がりつつあります。自己責任ばかりが強調され、弱者切り捨ての政策が横行しています。民意を尊重しない政府が、数にものを言わせて問題の多い政策を推し進めています。そんな日本を、チリの人びとが見ています。

五月広場の母たち——アルゼンチン

南米アルゼンチンといえばタンゴが生まれた地。哀愁を帯びたバンドネオン（手風琴）の音色や刺激的なダンスに魅かれます。タンゴ愛好家はいまや本場より日本のほうが多いといわれるほどです。

世界で最も有名なアルゼンチン人は、キューバ革命の英雄チェ・ゲバラでしょう。「チェ」は本名ではありません。スペイン語のアルゼンチン方言で、だれかに呼びかける「ねえ、君」の「ねえ」に当たる言葉です。聞きなれない言葉を耳にしたキューバ人がゲバラにつけた愛称なのです。

ゲバラの直属の部下だったキューバ人に「ゲバラに最も影響を与えた人はだれか」と聞くと、彼はすぐに答えました。

「チェのお母さんだ。病気で小学校も休みがちだったチェに、勉強も人生も教えたのがお母さんだった」

そう、アルゼンチンで最もたくましく生きているのは母親です。

1970年代、この国では軍部が政権を握って多くの市民を虐殺しました。内戦さながらに同じ国民を殺した悲惨さから「汚い戦争」と呼ばれます。

その後の政府の調査で明らかになっただけで3万人が犠牲になっています。労働組合のリーダー、学生、市民団体の活動家たちです。その知人というだけで虐殺された人もいます。

武装した兵士が昼間、銃を突き付けて連行しました。夜、覆面をした兵士が民家を襲って家族を目隠しし、金目《かねめ》のものを奪い、狙いをつけた人を捕まえて軍の施設に連れ去りました。

窒息させたり電気ショックを与えるなど残酷な拷問をし、最後には殺したのです。死体は路上に放置してみせしめとしたほか、麻酔で眠らせて生きたまま飛行機から空中に投げ捨てる「死の飛行」作戦などというものもありました。

家族は連行された人びとの行方《ゆくえ》を捜しましたが、軍も警察も何ら調査しません。しつこく追及すれば自分が捕まる恐怖の中、敢えて立ち上がったのが母親たちでした。

夫や子どもを拉致された母親14人が毎週木曜の午後、大統領官邸前の五月広場で無言のデモを始めました。77年4月30日のことです。連れ去られた人の写真を首から下げ、白い布に行方不明者の名を刺繍して頭にかぶり、ひたすら円を描いて歩くのです。

彼女たちは「五月広場の母たち」と呼ばれます。やがて同じような境遇の母親、共感する市民が加わりました。どしゃぶりの雨の日も凍てつく冬の日も、毎週木曜、30分の抗議行動が続けられました。

僕もいっしょに歩きながら、代表のエベ・デ・ボナフィニさんに聞きました。彼女は「最後の一人の行方がわかるまで、この抗議行動を続けます」ときっぱりと語りました。

彼女たちの事務所に行くと、壁に行方不明者の写真が千枚以上貼ってあります。その中には日系人も14人いたので、その自宅を訪ねました。高知県出身の松山さんは高校生の娘を殺され、大学生の息子は行方不明のままです。沖縄出身の比嘉さんは日系新聞の記者だった弟を連れ去られました。

僕は弟を連行された沖縄出身の女性、大城さんといっしょに日本大使館を訪れました。書記官は「内政干渉にあたるから何もできない」と言います。しかし、一方で北朝鮮の拉致問題に対して日本政府は強硬に発言しているではありませんか。

拉致したのが北朝鮮でなければ、行方不明の在留邦人を放っておいていいのでしょうか。ドイツやスイスの政府は自国民の行方不明者について、アルゼンチン政府に厳しく調査を求めていました。

軍政から民主化した現在、虐殺に関わった軍人の裁判が続いています。当時の大統領は獄中にいます。２０１６年12月にも元軍人ら29人が終身刑などを宣告されました。

18年12月には、軍政に手を貸して労働者の人権を蹂躙したとして、米自動車大手フォードのアルゼンチン現地法人の当時の幹部2人が、禁固10年と20年の判決を言い渡されました。追及の手はゆるみません。

五月広場では、母親たちの抗議行動が始まってからまる40年たった17年4月30日、「五月広場の母たち」が悲しみと怒りをかみしめながら広場を歩きました。いまでも毎週木曜の午後、母親たちが無言のデモを続けています。

救世主の町――ペルー

日系人のフジモリ氏が大統領になった南米のペルー。首都リマの郊外に「ビジャ・エルサルバドル」（救世主の町）という地区があります。かつては30万人もの貧しい人びとが集まるスラムでした。それが模範的な町づくりに成功し、ノーベル平和賞の候補にもなったのです。

僕がこの町をはじめて訪れたのは１９８６年です。現地の若い日本大使館員の小倉英敬《おぐらひでたか》さんと意気投合し、２人で行きました。首都から車で30分ほど走ると砂漠が広がります。見渡す限りの砂の上に、ムシロで囲っただけの約2メートル四方の小屋がひしめいています。

農村地帯で生きていけなくなった人びとが首都に流れ込み、市内に住む場所がないために砂漠に集まりました。いわばホームレスの巨大なたまり場です。でも、人びとの表情がなぜか明るいのです。

町役場を訪ねると、町長室の備品は壊れた椅子が一つだけ。ゴミ捨て場から拾ってきたものです。町長のアスクエタさんは左翼の大学生でした。貧しい人びとを助けようと活動しているのです。日本がまだ貧しかったころのセツルメント運動さながらです。大勢の大学生が日本各地の貧困地域に入って、医療や教育などの分野で人びとを助ける活動を行ったものです。

アスクエタさんがポンコツ車を運転して町を案内してくれました。途中、車輪が砂にはまって動けなくなり、小倉さんと2人で砂まみれになって車を押しました。

ムシロ小屋の1つは「共同ナベ」の調理場でした。10家族の女性が集まって箒《ほうき》を手づくりして売る仕事を始め、うち2人が全員の家族の食事をつくるのです。

粗末な教会がありました。楽しげな表情の子どもたちに囲まれていたのはアイルランドから来たキルケ神父です。左翼学生が実務を、カトリック神父が精神面を担当し、貧しい人びとを支援するという共通の思いから強く信頼し合って活動しているのです。

町は急速に発展しました。11年後にふたたび訪れると、ムシロ小屋はブロックの家に、町役場は2階建てのコンクリート造りに建て替わっていました。立派な職業訓練所ができて陶器づくりや木工などに若者が励んでいます。

その翌年に3度目の訪問をすると、町には自前のテレビ局がありました。備品は欧州のテレビ局のお下がりです。上下水道も完備しています。国も自治体も援助しない中、首都でさえできないことをスラムが自分の手で実現したのです。

アスクエタ町長は語ります。

「いまの世の中は金持ちだけが儲かる仕組みになっている。私たちは発展の利益をみんなで公平に分かちあう」

「だれもが何か自分の力を出せるはずだ。一人ひとりが活動すれば世界は変わる」

すべてが順調に進んだわけではありません。毛沢東主義を掲げる極左ゲリラが町を支配下に入れようとして、「従わなければ殺す」と脅したこともありました。人びとから尊敬されていた女性活動家が暗殺されました。こうした妨害にもめげず、町は自立を貫いたのです。

フジモリ大統領時代の1996年、別のゲリラが、首都リマの日本大使公邸をゲリラが襲った人質事件が起こりました。人質になった大使館員の中に小倉さんの名がありました。

軍の突入で人質事件が武力解決したあと、日本政府は大使館員に「事件について何も話すな」と命じました。その数か月後、東京の僕の家にメキシコからファクスが入りました。人質事件後、メキシコの日本大使館の一等書記官となっていた小倉さんからです。この事件について事実を語るのが義務だと考え、外務省を退職することを決めたというのです。

彼は帰国してアルバイトを掛け持ちしながら『封殺された対話――日本大使公邸占拠事件再考』（平凡社）という本を書き、人質事件は武力でなく平和解決ができたはずだと主張しました。理不尽なことに抵抗し自立を貫く気骨ある人がここにもいます。

カーニバルはデモだ——ブラジル

日本が冬を迎えるとき、南半球は真夏です。2月中旬に地球の反対側、南米のブラジルでは恒例のリオのカーニバルが開かれます。狂おしいほどの激しさから、乱痴気騒ぎのように思っている人もいるようですが、いえいえ、その本質は虐げられた民衆の抵抗の行動なのです。

リオの街の中心部、長さ500メートルほどの直線の大通りがメイン会場です。大通りの両側には階段状につくられた見物席があり、5万人の観客が見物します。

日本人のようにおとなしく座って見ている人はいません。立ち上がって踊りながら、自分も主役のような気分で楽しみます。その目の前をサンバ・チームが踊りながら次々に練り歩くのです。

1つのチームだけで3000人から3500人もいます。出場するチームは10以上あり、総計5万人近い人が出場するのです。各チームのパフォーマンスが採点され、その年の優勝チームが決まります。

チームの先頭を行くのは激しいリズムを轟《とどろ》かせる鼓笛隊で、それだけで200人ほど。金色の衣装やクジャクのような派手な飾りをつけた男女が続きます。

肌も露わに美を誇示するように身を揺すらせて踊り歩く姿は、見ている者にも解放感を伝えます。みんなが笑顔です。キラキラ光る豪壮な山車《だし》が何台も行進する大掛かりな祭典です。

見た目はただの大騒ぎのように見えるでしょう。でも、じつは真面目で政治的な主張を込めた一大デモンストレーションなのです。出場する人びとのほとんどは、ふだんスラムに住む貧しい人たちです。

コパカバーナなどリオの名高い浜辺には豪華な高層ホテルが林立します。その向こうの岩山にはバラックのような小屋が建ち並びます。プラスチックのバケツを手にした女性が坂を上り下りして共同炊事場に向かいます。

彼らは最低賃金でしかない乏しい収入を少しずつ貯め、月収の2倍もかかる豪華な衣装を手づくりし、たった4日間の晴れ舞台で一挙に散財するのです。

なぜそうするのでしょうか。それは、ふだんは社会の下層に押し込められた人びとが年に一度、自分たちの主張を公に誇示できる機会がカーニバルだからです。

たとえば2017年のカーニバルで優勝した「ベジャ・フロール」(美しい花)というチームは、「ブラジル社会の汚点」をテーマにしました。強盗や殺人など暴力がはびこり、政治家の汚職が蔓延する社会の腐敗ぶりを告発する内容です。

このテーマに沿った衣装を全員が手づくりして着ました。メンバーがつくった歌を歌いながら踊ったのです。行進の中で、学生が強盗に遭う寸劇も演じました。どうしたら観客に訴えが届くか、全員が知恵を絞り合った結果の趣向です。

僕がはじめて見た1985年のカーニバルでは、前年に軍政から民主化していたこともあって、「民主化の喜び」がテーマになっていました。ほかにも「対外債務の重圧」や「報道の自由」など、軒並み硬派なテーマです。

「報道の自由」を掲げたチームは鉛筆の先をかたどった帽子をかぶって踊りました。「黒人奴隷の歴史」がテーマのチームは足に鎖をつけた奴隷を鞭で追い立てていました。

あるサンバ・チームの創設者の1人は72歳の日雇い労働者でした。「教会の中では神のことだけを考えるが、そのほかは寝ても覚めてもサンバのことしか頭にない」と語ります。

当時の僕には、祭狂いのたわごとのように聞こえました。いや、そうじゃない。あれから30年以上経ったいま、ようやく気づきました。彼にとってカーニバルは、圧政に抵抗する手段なのだと。

「憲法」を買う若い母親――ベネズエラ

南米ベネズエラ。その国名は、風景がイタリアのベニスに似ているということからつけられたものです。首都カラカスを歩いていると、露店が並んでいました。

石畳の道に人びとが列をなして座り、商品を売っています。その中に本屋さんがありました。段ボール箱の上に本を20冊くらい置いています。本の表紙を見て驚きました。

憲法です。憲法を道端で売っているのです。

「こんなものをだれか買う人がいるのか」と首をかしげました。でも、売る人がいるからには買う人がいるはずです。その場にじっと立って、買う人が来るまで待ちました。

間もなく、赤ちゃんを抱いた若い母親が来て．1冊買っていきました。僕は彼女に声をかけました。「そんなものを買って、どうするんですか」と。

彼女は、この人は何をバカなことを聞くのだろうという顔で僕を見つめて言いました。

「憲法を知らないで、どうやって生きていけというの？　憲法を知らないで、どうやって闘えというの？」

驚いた僕は、その意味をたずねました。彼女は言います。「赤ちゃんの医療や福祉のことで役所に行くけれど、対応がひどい。そんなときに憲法が役に立つの」と。

日本の憲法第25条のように、この国にも生きる権利をうたう憲法の条文があります。役所で冷たくあしらわれたとき、彼女は憲法を取り出して、この条文を大声で読み上げるのです。そして、「これを実現するのが、あなたの役割でしょう」と、まるで水戸黄門の印籠《いんろう》のように、憲法の本を役人に見せつけるのです。

「これまでは友だちから憲法の本を借りていたけど、これからも役所に何度も通いそうだから、自分のものを持とうと思って買った。何か疑問があるの？」と彼女は言います。

僕が「いえいえ、よくわかりました。何の疑問もありません」と答えると、彼女はまた、この人だいじょうぶかしらという目で僕を見ながら、スタスタ行ってしまいました。

普通の市民がふだんから憲法を使う。これがじつは世界の常識なのです。日本ではそんな発想がなく、憲法は国民の行動を縛るものだと誤解されていますが、世界の人びとは憲法を日常的に活用しているのです。

ベネズエラの人びとは当時、貧富の格差をなくす社会運動を繰り広げていました。その現場を見るために、貧しい人びとが住むスラムを訪ねました。

屋根もない小屋がひしめく中に、２階建てのコンクリートの建物がありました。住民が自分たちでスラムを改善するための活動の拠点としている自治センターです。以前は、住民の不満や抵抗を押さえつけるための警察署でした。目的が正反対になったのです。

１階はスーパーマーケットです。街のスーパーと比べ、なんと同じ商品が４割も安いのです。街中と同じ値段ではスラムの貧しい住民には買えないので、４割分は政府が負担します。貧しい人の生活を底上げして社会を改善しようという発想です。

これと反対なのが日本の政策ではないでしょうか。アベノミクスは、大企業が儲かればおこぼれが下層に行くといって、金持ちを優遇します。トリクルダウン（滴り落ちる）という考え方です。アメリカで、レーガン大統領の時代にレーガノミクスの名で実行されたのと同じです。でも、金持ちはお金を蓄えるだけで貧しい層には落ちてこなかった。安倍首相は、米国で失敗した政策を日本で繰り返しているのです。

スーパーに入ると棚にコメの袋がありました。ビニール袋に文字が印刷してあります。なんと憲法です。この国では国民も憲法を使いますが、政府も国民に憲法を知ってもらおうと努力をしているのです。

印刷されているのは憲法第３２６条でした。国家の安全保障の基本的な考え方が列挙されています――独立、民主主義、平等、平和、自由、正義……。

どれも本来、そうあるべきものです。でも、どれもいまの日本にないものばかりです。ベネズエラのほうが、経済大国と自慢する日本より、よほど自立した政治を実行しています。

スラムを歩いていると、幼稚園児くらいの子がバイオリンのケースを手にして歩いていました。1人だけでなく何人もいます。なぜ貧しいスラムの子どもがバイオリンを持っているのだろうと気になって後について歩いていきました。子どもたちが入っていったのは民家を利用した音楽学校でした。

この国では、スラムの子どもたちに無料で楽器を貸して、無料で楽器の演奏の仕方を教えているのです。そのままなら非行に走るかもしれない環境の子どもたちに、「楽器を弾こう」と呼びかけたのです。いまや全国的な規模の音楽組織に発展した「エル・システマ」です。

底辺の人びとを経済的に支援しているだけでなく、文化の向上に力を入れているのです。開発途上国などと侮ることはできません。

米軍を撤退させた折鶴——エクアドル

ガラパゴス諸島の存在でも知られる南米の国エクアドルは２００９年、憲法の力で米軍基地を追い出しました。

その3年前、06年の大統領選挙に立候補したコレア氏は、「私が当選したら米軍基地をなくす」と公約しました。この国にあるマンタ空軍基地を米軍が99年から使っていたのをやめさせるというのです。

日本と違って、南米の政治家は約束を守ろうとします。当選し大統領になった彼は、新憲法を国民に提案しました。その第5条は、こううたっています。

「エクアドルは平和の地である。外国の軍事基地は存在を許されない。エクアドルの軍事基地を他国の軍が使用することも禁じる」

08年に新しい憲法を認めるかどうかの国民投票が行われ、賛成が8割を占めました。このため新憲法が発効すると同時に米軍は撤退せざるをえなかったのです。

このとき、憲法に新たに加わったもうひとつの条文があります。

「わが国は国際紛争の平和的解決を支持する。紛争解決のため武力による威嚇または武力による行使はこれを拒否する」

どこかで聞いたような文句ではありませんか。日本国憲法第9条は輸出されているのです。いや、ちょっと行儀が悪いかもしれませんが、正確な言葉で言いましょう。9条は勝手にパクられているのです。けっこうなことじゃないですか。どんどんパクっていただきたいものです。もっともこの件《くだり》は、もとをたどれば国連憲章にあるのですが。

このとき、国民投票で憲法に賛成しようという大きな市民運動が起きました。なかでもがんばったのが「オリガミスタ」という市民団体です。スペイン語で「折り紙を折る人」という意味で、日本の折り紙を広めるグループです。

彼らは、折り紙を知らない人たちにまず鶴を折ってみせます。それも「ヒロシマのサダコ」の物語をしながら折っていくのです。こんなふうに――。

「第二次大戦で米国軍は、広島に原爆を落とした。そのときたった2歳で被爆したササキ・サダコという女の子がいた。彼女は12歳で白血病とわかり入院した。

同じ白血病の患者が次々に亡くなる中で、サダコは死にたくないと思った。だって小学校6年生の3学期だ。もうすぐ中学生になる。人生でもっとも楽しい時期だ。サダコは鶴を折り始めた。折り鶴を千羽折れば死なずにすむかもしれないと信じて。だが、640羽まで折ったとき、命は尽きた。あと360羽を同級生が折り、千羽にして棺に入れた」

実際の佐々木禎子は千羽以上折りましたが、エクアドルではこのように伝わっています。

この話をしたうえで、「原爆っていけないよね。戦争じゃなく平和がいいよね。外国軍の基地なんて、いらないよね」とオリガミスタたちは訴えました。それがエクアドル国民の共感を呼んだのです。

エクアドルで新憲法が誕生したのと同じ2009年、同じ南米のボリビアも「ボリビアは平和国家である。外国の軍事基地を設置することは認めない」という新憲法を制定しました。

ベネズエラはそれより早く1999年に、「ベネズエラの領土は平和の地域である。外国の軍事基地を置くことはできない」という条文がある新憲法を制定しています。

憲法9条と折り紙に共通することがあります。ともに日本が誇るべき素晴らしいものなのに、当の日本人が大切にしていないということです。一方で、地球の反対側の南米の国で、人びとが日本の憲法9条の精神を模範として取り入れているのです。

2 おおらかに前を向いて

中米・カリブ諸国

本当の「積極的平和」主義――コスタリカ

「積極的平和主義」という耳触りのよい言葉を、安倍首相が一時期盛んに唱えていました。しかし、字面《じづら》から受ける印象と実際の内容はまったく違います。安倍首相が主張するのは「武力による平和」です。敵を暴力で黙らせようとするものです。つまり、自国の利益を追求する手段として軍隊を使う、米国のやり方をそのまま取り入れたものです。

しかも彼は米国で演説したさい、積極的平和を「プロアクティブ」という英語で表現しました。軍事用語でいえば先制攻撃に当たります。やられる前にやっつけようという発想です。軍事大国になって、弱い国を力で支配しようという、戦前の日本の軍部と同じ考えなのです。

しかし、武力を使えばそれだけ憎しみが増します。一時的に勝っても、相手は復讐の機会をうかがうでしょう。憎悪の連鎖になり、安定した社会にはなりません。米軍が武力で制圧したイラクがよい例です。

これとはまったく逆の発想で、本当に積極的平和主義を実践している国があります。

1949年の憲法で軍隊を廃止した中南米のコスタリカです。

この国は日本と違って憲法の言葉どおり、軍隊をなくしました。軍艦も戦車も戦闘機もありません。それで70年もの長きにわたって平和を維持してきました。それどころか国連平和大学をつくり、世界に平和を広めてきました。

コスタリカが実践しているのは「対話による平和」です。86年に就任したアリアス大統領は当時、内戦をしていた周囲の3つの国に対話を呼びかけ、3つとも内戦を終わらせました。その功績で翌年、ノーベル平和賞を受賞しました。

彼の考えは、平和憲法をもっている国は、自分の国が平和であることだけで満足するのではなく、まわりの国に平和を輸出すべきであるということです。そのさいの手段として、軍隊でなく対話を使うというところが米国や安倍首相と対照的です。

話し合いをすればお互いに相手の立場を理解でき、殺し合いをやめる道筋を見つけることができます。現にそのやり方で平和になった3つの国は、内戦の後遺症を抱えてはいるものの、アメリカが武力介入したイラクとは違い、曲がりなりにも安定への道を歩んでいます。

真の平和外交を展開したコスタリカは、戦争をやめた国から感謝される存在になりました。世界からも真の平和国家として尊敬されています。なにより素晴らしいと思うのは、国民が自分の国を誇りとしていることです。

コスタリカの街角でたまたま出会った女子高校生は「わたしの国の政府は世界の平和に貢献してきました。わたしは、自分がコスタリカ人であることを誇りに思っています」と、きっぱり語りました。

アリアス大統領は言います。「もっとも良い防衛手段は、防衛手段をもたないことだ」と。軍隊をもてば周囲の国が脅威を感じて軍備を増強します。それに対抗するためにこちらも軍備にお金を使う。それは浪費だし、お互いに不安をあおることになります。

コスタリカはかつて軍事費が国家予算の30％を占めていました。しかし、軍隊が社会の発展の役に立たないことに気づき、軍事費をそっくり教育費に替えたのです。その分、医療や社会保障の予算が増えました。だから開発途上国にしては豊かで民度が高いのです。

「積極的平和《ポジティブ・ピース》」という言葉は、安倍首相が使っているのとは反対の意味で、すでに国際的に定着しています。ノルウェーのヨハン・ガルトゥング博士が提唱した平和学の概念です。戦争がないだけでなく、貧困や差別や搾取のない、平等で社会正義が実現した状態を指していう言葉です。たんに戦争が行われていないだけの「消極的平和《ネガティブ・ピース》」に対する言葉なのです。

私たちは軍事大国ではなく、「積極的平和」が根づいた生活大国をめざすできではないでしょうか。

国立博物館となった旧軍参謀本部(首都サンホセ)

だれもが愛される権利がある——コスタリカ

「兵士の数だけ教師をつくろう」
「兵舎を博物館にしよう」
「トラクターは戦車より役に立つ」

コスタリカが平和憲法をつくったさいに掲げたスローガンです。

軍事費をそっくり教育費に充てた結果、開発途上国としては珍しい教育国家ができあがりました。

教育の現場に行くと、さらに驚かされます。この国の小学生は、入学直後に先生からこう聞かされます。

「きみたちは全員、だれもが、親や社会や国から愛される権利をもっています。もし愛されていないと思ったら、憲法違反だと訴えることができます」

その結果、この国では小学生が憲法違反の訴訟を起こすのです。違憲訴訟を起こした最年少は8歳だといいます。どんなケースか知ろうと、憲法裁判所を訪ねました。

小学2年の少年が放課後の校庭でサッカーボールを蹴っているうちに、そばの川に落ちました。少年は、川に柵をつくるのを怠った国が悪いと考えました。「ぼくを愛していない国」を憲法違反で訴え、勝って柵がつくられたといいます。

日本ではとても考えられない話です。ボールが川に落ちたくらいで憲法違反になるなら、この世の中は憲法違反だらけではありませんか。1年に何件の違憲訴訟が起きるのかを問うと、裁判所の係官は「1万2000件です」と答えました。それは2002年のことでしたが、その数年後に訪れたときは2万件と言われました。

そんなにあったら裁ききれないのではありませんか、と問うと、提訴から判決まで平均1年だというのです。人権にかかわることは迅速な解決が必要であり、訴訟が多いから担当の公務員を増やしています、とも。日本とは発想が逆です。

この少年のケースの場合、日本ではどうなるかと考えてみました。川に落ちた少年は泣いて帰宅するでしょう。母親は学校に怒鳴り込み、市会議員のセンセイに善処を頼むでしょう。日本では何かを変えたいときは「偉いセンセイにお願いする」という手を使います。

それが制度化して請願《せいがん》、嘆願《たんがん》という用語があります。この文字を見て、おかしいと思いませんか。民主主義の社会なのに、なぜ「請《こ》う」のでしょうか。「嘆《なげ》いて願う」と聞いて思い出すのは「お代官様、お願えしますだ」という時代劇に出てくる言葉です。日本はいまだに江戸時代のままなのでしょうか。

コスタリカは違います。小学生でも自分は国民の一人だと自覚し、社会がおかしいと思えば憲法に訴えます。子どもの訴えでも国はきちんと受け止め、裁判所が判断を下します。これこそ模範的な市民社会といえます。

この国では、小学生の違憲訴訟はまったく珍しくありません。校長先生が校庭に車を停めたため遊ぶ場所が少なくなった、と子どもが訴えたケースもあります。判決は、運動場は子どもが好きなだけ遊ぶ場所だという定義から説き、だれであろうと子どもの遊ぶ権利を踏みにじるべきではない、と結論しました。

子どもだけではありません。薬を買いに行ったが目当ての薬がなかったため、老人が薬屋を憲法違反で訴えました。判決は「おじいさんが健康で文化的な生活を送るためには、この薬が欠かせない」として憲法違反だと認め、この薬屋におじいさんの薬を常備するよう命じました。さらにおじいさんが旅行したときに備え、全国の薬屋にこの薬を置くよう薬事行政を整えることを国に命じたのです。

ここに流れているのは、「いったん憲法に書いたからには、社会において実現されていなければならない」という精神です。人びとは個人のわがままで主張しているのではありません。

憲法に書かれていることと現実が違えば、それに気づいた人が指摘して、みんなの力で社会を少しずつ憲法に近づけて行こうということです。

2003年のイラク戦争のさいには、米国を支持したコスタリカの大統領を大学生が憲法違反で訴えました。判決は「わが国は平和憲法をもつ平和国家だ。大統領が他の国の戦争を支持するなどありえない」と、大統領による米国支持の発言を撤回させました。

こうしてみると、日本とのあまりの違いに驚きます。日本と違って、憲法の字句どおりに人権が尊重される社会を実現している国が現にあるのです。

民衆とともに生きた神父——ニカラグア

信念をもっている人は、自分の立場が不利になっても筋を通して生きようとします。その見本を見たのは中米ニカラグアでした。

僕は1984年にニカラグアを訪れました。当時、この国は革命で成立した左翼政権でした。風変わりなのは、政府の大臣の中にカトリックの神父が4人もいたことです。それも外相、教育相、文化相など要職ばかりです。

カトリックといえば保守的と思われがちですが、中南米では進歩派の「解放の神学」が広がっていました。聖職者は教会でただ祈っているだけではなく、抑圧された人びとの解放のために、行動によって権力と闘うべきだという考えです。

ところがローマ法王庁は、閣僚でもあった神父のひとり、フェルナンド・カルデナル教育相に対して「神父がマルクス主義政権の先棒をかつぐなどもってのほかだ」として、閣僚か神父のどちらかを辞めるよう迫りました。

カルデナル神父は「神は、私が祖国と民衆を捨てることを望んではおられない。貧しい人びとの救済を怠ることこそ罪である」と述べ、神父も閣僚も自分からは辞職しないと宣言しました。これに対して神父が属していたイエズス会は、強制的に退会させるという決定を下したのです。

この処分について神父が記者会見を開きました。84年12月のことでした。僕は最前列の中央、神父の目の前の席に座りました。神父は一言ひとことを絞り出すように話していましたが、やがて白髪を振り乱して叫びました。

「この国では内戦で8000人が殺された。教会は殺人に目をつぶれと言うのか。ニカラグアで問題なのは共産主義ではない。飢餓だ。国民は飢えている。教会は貧民に黙って死ねと言うのか。教会は私に貧民を見捨てよと言うのか」

しばらく沈黙したあと決意を込めたように「私は貧民とともに歩む」と静かにつぶやきました。「処分はきわめて苦痛だが、祖国と革命を裏切ることはそれにも増す痛みだ。いかなる力も私から聖職を奪えない」と語る声は決意に満ちていました。

一人の人間が組織に逆らうには勇気を必要とします。まして宗教者が自らの信じる教義の最高権威に逆らったのです。カルデナル神父の表情からは、苦悩の深さが察せられました。

カルデナル神父は、ニカラグアが独裁政権だった時代に貧しい人びとに寄り添って社会改革を訴え、革命が成功したあとは文字の読み書きができない人びとのために識字教育を進めた教育者です。国民の尊敬を集めた人です。

カルデナル神父のほかの3人の閣僚神父も「脅かされても立場を変えるつもりはない」「聖職とは奉仕であり、革命に尽くすことだ」と語り、教会の権威に反旗を翻しました。

ニカラグアの神父たちを脅したのは当時のバチカンのラッツィンガー枢機卿で、のちのローマ法王ベネディクト16世です。ところが彼は法王の職務をうまくこなすことができず、途中で自ら職を去りました。

そのあとに就任したのが現在のフランシスコ法王です。南米アルゼンチンの出身で、解放の神学の影響を受けており、とても評判がいい人です。彼の人生は『ローマ法王になる日まで』という映画にもなっています。

カルデナル神父の「追放」が解かれたのは1997年です。イエズス会に復帰後も、彼は妥協しませんでした。貧しい人びとのために尽くし、2016年に82歳で亡くなりました。

その翌年、僕は久しぶりにニカラグアを訪問しました。書店にはカルデナル神父の本が並んでいました。信念を貫いた生き方は、いまも人びとに影響を与えています。

基地を撤退させたカリブの沖縄――プエルトリコ

熱帯の楽園といわれるカリブ海。米国の自治領プエルトリコの離れ島ビエケス島の海は、エメラルド色から真っ青に刻々変化します。世界でここにしかいない夜光虫が魚の身体に付き、夜は魚が銀色に輝く筋を引いて泳ぎます。夢のように美しい世界です。

でも、この島はかつて「カリブの沖縄」と呼ばれていました。美しいからではなく、島の3分の2が米軍基地だったからです。いまや沖縄は「基地の島」として世界に知られているのです。

しかし、沖縄と違ってビエケス島では、住民の強い反対運動によって2003年、基地をすべて撤退させました。

撤退から2か月後、僕は小型飛行機で島に入りました。東西約30キロの細長い小さな島です。空港でたまたま出会ったのが、非暴力の反基地運動をして4か月間の投獄から釈放されたばかりの27歳の男性イスマエルさんでした。アフロヘアの現代的な若者です。彼を迎えに来た父親の車で基地に向かいました。

途中、運転しながら父親が大声でまくしたてます。「海軍も海兵隊も島を去った。島人の闘いの偉大な勝利だ。だが、汚染が残されたままで、島の平和な開発がこれからの課題だ」と。基地がつくられたのは第二次大戦中の1941年です。軍事演習に使われるだけでなく、新型爆弾が開発されるたびに実験場となりました。枯葉剤やナパーム弾、劣化ウラン弾などが地球上で最初に炸裂したのがこの島です。

基地に着くと、金網に沿って白い十字架が数十個も並んでいます。基地の人的な被害を訴えるシンボルとして住民が立てたものです。その前でイスマエルさんを迎える歓迎式が始まりました。司会者が「私たちは市民の主権に自ら新しいページを刻んだ」と宣言すると、集まった100人ほどの人びとから拍手が起こりました。

イスマエルさんが「米国は石油を求めてイラクを侵略した。どこまで欲を張れば気がすむのか。一方で私たちの島は失業率60％だ」と叫びます。「そうだ!」と声が上がります。

基地反対の運動が始まったのは1970年代でした。まず起《た》ったのは漁民です。軍艦が漁網を壊し漁場を荒らしながら補償もしなかったからです。さらに健康被害が続いたため、ほとんどの住民が立ち上がりました。

「米国はかつて〝インディアン〟にしたように、私たちにたくさん約束をした。でも、実行したのは爆撃だけだった」と住民が話します。沖縄の集会にも参加したことがある環境活動家の女性は、「がんを発症する人が島には異常に多い。まるで水俣のよう」と怒ります。

反対運動が活発になったのは1999年です。演習中の誤爆で基地労働者が1人死亡したのがきっかけです。プエルトリコ本島の人びとも加わり、10万人規模の反基地大デモを行いました。

これを見てブッシュ大統領は2001年、軍事演習を中止すると発表しました。しかし、島民は独自に住民投票をして島を島民に完全返還するよう迫り、ついに米軍を撤退させたのです。

セラーノ市長は「これからはだれもが安心して住める島にしたい。セメントを使う開発ではなく環境と調和し、よそから来た人が定住するような島にしていく」と語ります。基地跡は除染後に野生生物の保護区になります。

島民の大半がカトリック教徒で、教会の屋根の十字架の上には「平和」と書いた旗がひるがえります。隣の建物には壁画があり、凧揚《たこあ》げする子や小舟に乗った漁師、イルカなど描かれています。「貧しい人間とは、お金を持たない人ではなく、夢を持たない人だ」という文字とともに。

逃亡奴隷の共和国――ジャマイカ

だれだって自由でいたいと思うでしょう。無理やり奴隷にされたら、黙って従うより逃げることを考えるのが人間です。カリブ海の島国ジャマイカには、植民地時代に逃亡奴隷が自力でつくった共和国があり、いまも国から自立しています。

島の南西部の山を車で3時間ほど、マンゴーやカカオの木を見ながら曲がりくねった道を走ります。標高700メートルの高台に突然、村が現れました。18世紀に農園から逃げた奴隷たちが築いたアコンポン自治区です。

角笛の形をした門の向こうにトタン屋根の役場があります。壁には15カ条から成る条約が掲げられています。当時、島を支配していた英国軍との武装闘争の末に、奴隷たちが勝ち取った覚書です。1739年3月1日の日付です。

第1条は「双方は敵対行為を永遠にやめる」。第2条は「この自治区は今後、永久に解放と自由のもとに置かれる」とあります。

英雄の記念碑が立っていました。キャプテン・コジョーというレジスタンスのリーダーだった人です。彼とともに逃亡した奴隷たちはマンゴーの木の下で団結を誓い、英国の正規軍と50年の長きにわたって戦ったのです。

英国軍が村に近づくと角笛で知らせ、草の葉でカモフラージュした村人がゲリラとなって岩陰から襲いました。不屈の戦いで、ついに英国側は和平を認めざるをえなかったのです。

自治を勝ち取ったことを記念する祭が毎年1月6日に行われます。ドラを鳴らして踊り、ブタを丸焼きにして食べます。ヤギの皮を張った四角い太鼓をたたくのですが、元はアフリカのガーナの楽器だとか。かつて住んでいた故郷の音楽を再現したのですね。

当時は砦だったのが、村に発展しました。いまは子孫たち800人が住んでいます。小学校も中学校もあります。竹を3本囲いのように組み合わせたのはサッカーのゴールでした。この場所はかつてキャプテン・コジョーが兵士を訓練した場所でした。野外法廷でもあったそうです。裁判官は50~60代の長老でした。

ゲストハウスのバーのラウンジの壁には、旧式のマスケット銃を手にしたキャプテン・コジョーの肖像画が飾ってあります。その脇に、雑誌からとった可愛い女性の写真が貼ってあるのが不釣り合いでおかしい。

村の歴史を伝える博物館には、英国軍と戦うために使った18世紀の銃や牛の角を利用した火薬入れが展示されています。解放の歴史を綴った年表には「1663年に英国から自由を獲得、1733年に砦を建設」といったぐあいに、自由への歩みが書かれています。

ハーブの畑と貯蔵庫がありました。これまで350年も無事に生きて来られたのは、自然の薬草があったからだといいます。「森の王」と呼ばれる茶色の葉は高血圧に効き、ミントは胃けいれんに効果があるとか。19世紀にコレラが流行《はや》ったときも薬草で防いだというのですが、本当でしょうか。

いまは18人の国会議員を3年ごとに選挙で選んでいます。選挙権は18歳で手にします。首相や歴史・文化相、農業相など7人の閣僚がいます。

70歳のペディー首相は「ここは自由な共同体だ。ジャマイカの政府は英国から引き継いだものなので、われわれが従う必要はない。現に税金も払っていない」と言います。ただし外国に出るときはジャマイカのパスポートをもらうというから、ちゃっかりしています。

悩みは産業が農業しかないこと。地場産業の開発にドイツ資本でバナナのチップの工場を建てる計画だとか。とりあえずの現金収入として、村への入場料としてかなりの額を取られました。まあ、入国料やビザ代と思って納得しました。

歌って踊って陽気な革命——キューバ

僕は学生時代、ボランティアでキューバにサトウキビ刈りに行きました。革命の熱気が残り、アメリカへの対抗意識が強かった1971年のことです。サトウキビ畑で半年間、キューバ人といっしょに働いたのです。

高さ2メートルもあるサトウキビを、同じ21歳の大学生ラファエロ君とペアになって刈り進みます。彼が最初に覚えた日本語は「ツーカレタ」(疲れた)でした。すぐにへたばって山刀を放り出すのです。まだいくらも働いていないのに……。

夕方まで畑仕事をするとヘトヘトになります。夕飯を食べるよりもひたすら眠りたい。ところがキューバ人は空き地で踊りだすのです。ラファエロ君も踊っています。そんな元気があるなら、もっと働けよ……。

でも、それは「働き中毒」の日本人の発想でした。キューバ人は「楽しんでこそ人生だ」と考えます。踊りのエネルギーを犠牲にしてまで働こうなどとは考えないのです。

「また明日」という別れのあいさつをスペイン語でアスタ・マニャーナと言います。キューバでは「あした、またーな」と聞こえます。日本人は明日やることも今日やろうと意気込みますが、キューバ人は「今日がダメなら明日があるさ」と考えます。この楽天性こそキューバ人の特性です。

キューバ革命を成功させたのもこの楽天性でした。

メキシコから船でキューバに乗り込んだカストロたちの革命軍は82人。ところが水際で独裁政府軍に見つかって攻撃され、生き残ったのはたった12人しかいなかった。

このとき南米アルゼンチン生まれのゲバラは意気消沈しました。ところがカストロたちキューバ人は「もはやこれで独裁者の命運は尽きた」と銃を手に踊り出したのです。ゲバラは「こいつら正気か?」と、カストロたちキューバ人の神経を疑ったといいます。

それからわずか2年半後の1959年に革命は成功します。そうそう、ゲバラとてラテン系の人間、愛読書は無鉄砲を絵に描いたような『ドン・キホーテ』でした。おおらかな楽天性が革命を成功に導いたのです。

楽天性は脳天気とは違います。確固とした意志とやり遂げる使命感があってこそ生きるものです。カストロは最初の蜂起が失敗して裁判にかけられたさい、「歴史は私に無罪を宣告するだろう」と名言を吐きました。

経済封鎖に苦しみながらもキューバ人はわずかな楽しみを見つけて人生を楽しく生きています。超大国に屈しなかった秘訣は楽天性にあるのではないかと思えるほどです。

僕はキューバから飛行機に乗って欧州にわたったとき、大西洋上でひどい嵐に遭いました。このまま墜落するかと思うほど機体が激しく揺れました。叫び声が上がり、乗客の顔は恐怖にひきつっています。

突然、僕の近くに座っていたキューバ人男性10人ほどが歌を歌い始めました。チャチャチャのようなにぎやかなメロディーです。飛行機が揺れるのに合わせて身体をゆすり、座ったまま踊るのです。

彼らも内心恐れているのが表情から読み取れます。でも、恐怖を意志で振り払うように大声で歌っているうちに、本気で楽しむ顔つきに変わりました。

他の乗客も彼らを見ているうちにこわばった表情がなごみ、機内は楽しい雰囲気に包まれました。彼らのおかげで、みんな乗り物酔いにならずにすみました。

キューバと日本の違いはこの楽天性です。ともすれば悲観的になりがちな日本人ですが、心が暗くなればいい結果にはつながりません。ラテンの楽天性で行きませんか？　苦境を打開することだってできそうです。

大国を翻弄するしたたかさ——キューバ

「アメリカの裏庭」と呼ばれてきた中南米で1959年に革命を成功させたキューバ。直後から米国の経済制裁を受けながら、屈することなく半世紀以上も自立を貫いてきました。

米国との最初の対立は革命から4か月後の農地改革でした。当時、キューバの耕作地の75％は米国企業の所有でした。接収すれば米国は黙っていないでしょう。その5年前には中米グアテマラの農地改革に米中央情報局（CIA）が軍事介入し、グアテマラの政権がつぶされたばかりです。

それでもカストロ政権は改革を行いました。貧しい農民に土地を与えるという革命の柱を曲げなかったのです。米国はすぐに経済制裁で応じました。2年後には米国が一方的に国交断絶を通告しました。さらにCIAが組織した約1500人の反革命軍がキューバに上陸しました。

キューバ側は正規兵に加え20万人が民兵となって侵攻に備えていました。最初に気づいた民兵が果敢に反撃しました。カストロも戦車で駆けつけて陣頭指揮し、わずか3日で敵を撃退しました。

沖合に米軍の航空母艦などが待機していました。侵攻軍がキューバの土地を少しでも確保すれば臨時政府の樹立を宣言し、その要請に応じる形で米海兵隊が出動する手はずだったのです。しかし、米軍がつけ入る余地はありませんでした。

それからの米国は全面的にキューバを経済封鎖し、兵糧攻めで屈服させようとしました。その後も2度にわたって新たな経済制裁を発動しました。92年にはトリチェリ法でキューバに外貨が入らないようにしました。96年のヘルムズ・バートン法は、キューバ産の材料が含まれた品物の米国への輸入を禁じるという、他国も巻き込む法律です。たとえば日本製の車にキューバ産のニッケルが含まれていれば、日本車の輸入を拒否するのです。こうして米国は、他国がキューバと貿易することにも干渉したのです。

それでもキューバは生き残りました。屈したのは米国のほうです。２０１５年にオバマ大統領は、過去の米政権の対キューバ政策は間違っていたと認め、国交を回復しました。米国はついに革命政権を承認したのです。

そのきっかけは01年にさかのぼります。じつはこの年に、両国の間で実質的な貿易が始まっていました。ハリケーンがキューバを襲って被害が出たため、ブッシュ大統領は人道的な食糧支援を申し出たのです。

このときカストロ議長は「わが国を経済封鎖している国から援助は受けない」と大見得を切りつつ、「でも、せっかく用意しているのなら買おう」と言いました。なかなかに戦略的な発言です。

1か月後には食料品を積んだ米国の貨物船が到着しました。それが毎年続き、経済制裁のかたわら貿易するという奇妙な関係が生まれたのです。米国の農産物業界はキューバとの関係改善を求めました。制裁を実質的に打ち破ったキューバ側の勝ちです。

米国に亡命して大リーグの選手になったキューバの野球選手の記事がキューバ共産党の機関誌に載っていました。彼は毎年キューバに里帰りし、キューバの子どもたちに野球を教えているというのです。それって亡命？

じつは亡命の名で出稼ぎをしているのです。米国は中南米からの移民を厳しく規制していますが、キューバからの亡命ならほぼ無条件で受け入れます。これを利用するのです。

キューバは名より実をとります。亡命者を生む国だと批判されようとも、米国から送金してくれるほうが生活に役立つのだから気にしない、という現実的かつおおらかな姿勢です。

このようにして、小国キューバは超大国アメリカを翻弄してきたのです。

ピンチをチャンスに――キューバ

米国の経済制裁をはね返してきたキューバが1959年の革命後、最大の危機に直面したのは91年です。ソ連（ソビエト連邦）が崩壊し、金額にして8割以上を占めていたソ連・東欧からの輸入が止まりました。これでカストロ政権は終わりだといわれました。

実際、この時期にキューバを訪れると、市民の暮らしは大変でした。店に行っても棚に物が何もなく、レストランでメニューの品を注文しても、大半が「できない」といわれました。それでも人びとは革命を手放そうとはしませんでした。

まず困ったのは輸送手段です。ソ連からの石油が止まったため、バスや乗用車のガソリンが不足し、通勤の足が乏しくなりました。もともと地下鉄や電車などはありません。市民を大量に輸送する手段が必要です。

キューバ人は、それを創意工夫で新たにつくりあげました。トレーラーを2台つなげて異様なほど長いバスを発明したのです。コブが2つあるラクダに見えるため、「ラクダバス」と呼ばれました。一度にたくさんの人を乗せることができます。交差点で曲がれないという難点がありましたが。

乗用車の相乗りが奨励されました。辻に立っている人を見かけると車を停めて「どこへ行くの？」と声をかける姿が日常的になりました。助け合いの精神です。

車に代わって、街には自転車が大量に走るようになりました。中国製の自転車です。僕も借りて乗ってみましたが、坂道で泡を食いました。ブレーキがないことに気づいたのです。ペダルを後ろに踏むと止まる仕組みだと、あとになって知りました。

自転車の話からもわかるように、キューバはすぐに貿易の相手を替えたのです。新しい相手は中国と西ヨーロッパでした。スペインやベルギーの資本が入り、名高い観光地のバラデロ海岸などに西欧風の観光ホテルが建ち並びました。

その結果、わずか3年ほどでキューバの経済は再び黒字を回復したのです。

それだけではありません。ソ連から化学肥料が入って来なくなったのを機会に、国を挙げて有機農業に取り組みました。国が主導してミミズから堆肥をつくることを教え、少しでも空いた土地があれば家庭菜園にするようにしました。

首都ハバナの庭や路地はもちろん、公園も菜園に替わりました。道路ぎわのあちこちをブロックで仕切って畑にし、勤めの合間に農作業する人びとが目立ちました。

政府が自営業を公認するようになると、公務員をやめて農民になる人が増えました。こうしてキューバの有機栽培は世界的に名高い水準に発展しました。いまでは世界中から見学者が押しかけるほどです。ピンチをチャンスに変えたのです。

ハバナの郊外に日系人の農園があります。有機農業の模範農園です。その名も「エル・ハポネス」（日本人）。1970年に普通の農業を始め、ソ連が崩壊する1年前の1990年に有機農法に変えました。いまは日系3世のアレックスさんが経営者です。

別の場所には、ゴミ捨て場だった1ヘクタールの国有地を10年契約で借りて経営している農園があります。5つの保育園に野菜を出荷しています。有機農法にしてから収穫量が増え、暮らしが豊かになり、新築した2階建ての家にはプールまでありました。

経営者のララさんはニューヨーク・ヤンキースの熱烈なファン。米国から入ってくるラジオの野球中継を欠かさず聴き、マツイ（松井秀喜）が現役のころは声を張り上げて応援していたそうです。米国の政策には怒るけれど、文化は別だと割り切っています。

キューバ人は不遇になってもめげません。苦境を抜ける方法を考えようと、頭を切り替えるのです。

首都ハバナの旧市街

③ 孤立することを恐れずアメリカ

たった一人の闘い——アメリカ

2001年9月11日。僕が朝日新聞の特派員として米国ロサンゼルスに赴任してわずか2週間後に、ニューヨークでテロが起きました。

西海岸の中心地ロサンゼルスの中心部はこの日、ゴーストタウンのようになりました。ニューヨークと同じように高層ビルに飛行機が突っ込むというデマが広がったためです。

数日すると街は星条旗だらけになりました。ビルの壁は星条旗だらけになり、車も星条旗をはためかせながら走っています。アメリカが一挙に愛国社会に変わりました。

当時のブッシュ大統領は「戦争する権限を大統領に一任する法案」を議会に提出しました。テロを起こした相手に直ちに報復するため、という理由です。

しかし、これは民主主義を破壊する法律です。一人の権限で戦争が始まるなら、世界は戦争だらけになるではありませんか。大統領の独断専行を防ぐために議会があるのです。これは議会の機能を封じる法律です。

しかし、愛国心で頭に血が上ってしまった上院議会は満場一致で法案に賛成しました。ところが、下院でたった一人だけ反対した議員がいたのです。野党・民主党の黒人女性議員、バーバラ・リーさんです。

僕は驚きました。こんな時期に反対すれば、国民の怒りを買うのは明らかです。非国民扱いされかねません。事実、彼女は猛烈にたたかれました。「ただちに議員をやめろ」「アメリカ人であることを棄てて国境から出て行け」と罵倒されました。二度と当選できないとも言われました。

こんなとき、普通なら謝ったり発言を撤回したりするでしょう。彼女は逆でした。逃げ隠れせず、反対した理由を説明する公開の集会を開いたのです。米国では市民が銃を持っています。銃口に身をさらす覚悟がなければできないことです。

ロサンゼルスで200人を前に開かれた説明集会で、リーさんは当日の行動を淡々と語りました。

「あの日、私は議会の部屋でアメリカの憲法を読み返しました。思い出したのがベトナム戦争です。泥沼になったきっかけはトンキン湾事件です。米国の軍艦が北ベトナムから攻撃されたことの報復として北ベトナムを爆撃しました。ところがこの事件は、米国がでっち上げたウソだったのです」

「大統領が国民をだまして戦争になり、米国の若者5万8000人が戦死しました。大統領に全権を渡せばまた同じことが起こるでしょう。いまこそベトナムの教訓に学ぼうではありませんか。憲法は議会が行政を監視するよう求めています。だから、この法案に反対すべきだと私は確信したのです」

参加者たちは立ち上がって拍手しました。最後列で聴いていた僕は思わず通路を走り、ステージの下から壇上の彼女に質問しました。

「いくら確信をもっていても、全米から非難される覚悟がなければ反対の行動はできなかったでしょう。あなたの勇気の源は何ですか」

彼女は壇から身を乗り出して答えました。

「とくに勇気を奮い起こしたのではありません。憲法が私に何を求めているかということだけを考え、憲法に沿って行動したまでです」

そばに立つと彼女は身長160センチもなく、やせています。こんなきゃしゃな女性が全米を相手に、たった一人で闘っていました。憲法を守っているという確信があるからできたことです。

1年後、まだ米国が愛国ムード満々の中、彼女は改選の選挙に立候補しました。勝てるわけがないと思っていた僕は、開票結果を見て目を見張りました。彼女は対立候補の4倍の票を取って圧勝したのです。

日本に記事を送りながら思いました。会社で孤立して筋を通すのが難しいと感じることが、僕にもあります。そんなときはリー議員を思い出そう、全米2億人以上を相手に敢然と闘った彼女に比べれば、日本で孤立することなど何でもない、と。

その後、米軍はイラクから撤退しました。米国は変わりました。いや「変わった」のではありません。リー議員たちが「変えた」のです。

兵士の忠誠心――アメリカ

組織の中では規則や上司に従うしかない、とあきらめてはいませんか。厳しい階級社会の軍隊で、憲法を根拠に上官の命令を拒否した軍人がいました。イラク戦争中の米国での話です。日系人の会社員アーレン・ワタダ氏が勤めていた会社を辞めて軍人になったのは、9・11のテロがきっかけでした。「祖国に奉仕したい」と志願して入隊し、中尉にまで昇進しました。

イラク戦争が始まると、ただちに現地で戦いたいと申し出ました。しかし、イラクの現実をインターネットなどで調べた彼は驚きました。米軍がイラクの市民を無差別に殺していたことを知ったからです。

この戦争は政府が言うような正義の戦争ではなく、米国の憲法にも国連憲章にも違反している違法な戦争だと彼は確信しました。民間人を殺害せよと命じる政府には抵抗しなければならない、と思ったのです。

第二次大戦のあとの東京裁判が彼の頭をよぎりました。侵略は平和に対する罪です。いま米国はイラクを侵略しました。違法な戦争に参加して部下の兵士に命令を下せば、自分が戦争犯罪に加担することになります。

仲間に相談すると、軍人になるさいに忠誠を誓ったからには大統領の命令に従うべきだ、と言われました。彼はこれに反論しました。

「私が忠誠を誓ったのは憲法だ。大統領ではない。違法な戦争を政府が行っているのなら、それに対して抵抗することが軍人の義務だ」

彼はさんざん悩みました。そして最後に決心しました。

「思っていることを、そのまま言えばいいのだ」

軍法会議にかけられましたが、憲法を楯《たて》に正当性を主張しました。陸軍士官学校の教官は「軍人であっても違法な命令に従う義務はない」と証言しました。

命令に従わなければ重罪とされるのが軍法会議です。しかし、裁判官は審理無効を宣言しました。軍は結局、ワタダ中尉を不名誉除隊という処分で軍から追放するにとどめたのです。

一般の兵士の中にも戦争に疑問をもつ者は数多くいました。米軍によるアフガン攻撃のさい、洋上からミサイルを撃ち込んだ米駆逐艦の乗組員もその一人です。

攻撃が終わったとき、駆逐艦にアナウンスが流れました。「今回の戦闘で唯一、目標に命中したのは、我が艦のミサイルだった」。同僚たちは喝采しました。しかし、この乗組員は疑問に思いました。「だとしたら、命中しなかったミサイルはどこに着弾したのか」と。他のミサイルは学校や病院、民家に落ちて、テロとは無関係な市民を殺傷していたのです。彼にはこの戦争が疑問に思えはじめました。

駆逐艦が横須賀の基地に帰ったとき、基地周辺で日本人が反戦のプラカードを掲げて抗議していました。日本は米国の戦争に賛成していると聞かされていただけにショックでした。次にイラク戦争に派遣されるとき、彼は「この戦争に大義はない。私は行かない」と宣言したのです。駆逐艦が基地を出港するとき、彼は乗船を拒否しました。

彼もまた軍法会議にかけられました。判決は3か月の重労働でした。しかし、裁判官の1人は「私は合衆国によるユーゴ、アフガン、イラクに対する戦争がいずれも違法だったと、兵士が確信すべき合法的な理由があると信じる」という声明を公表しました。

イラク戦争のさいには、米国史上はじめて、戦争が始まる前に反戦デモが行われ、全米で100万人以上が参加しました。ロサンゼルスでは、反戦兵士が軍服のまま参加しました。

組織の人間だからといって上司の命令のままに動くのは、自由な人間であることを放棄することです。大切なのは自分で調べて自分で考え、自分で判断することです。ワタダ氏たちがその拠り所にしたのが憲法でした。

名優の勇気と情熱――アメリカ

アメリカの俳優ダスティン・ホフマンさん。映画『卒業』でデビューしたあと、自閉症をテーマにした『レインマン』などに主演し、ハリウッドを代表するスターになりました。その栄光の背景には、逆境に抗して自立を勝ち取る努力がありました。

僕が彼にインタビューしたのは2003年、イラク戦争中の米国ロサンゼルスでした。下調べをしていて驚きました。女装のベビーシッター役で話題になった映画『トッツィー』（1982年）の日本公開に合わせてはじめて来日したとき、彼は羽田空港で200人の記者を前に深々と頭を下げ、こう言ったというのです。

「私はあなた方に原爆を落とした国からきました。申し訳ありませんでした」と。

当時の新聞を探しましたが、そういう記事は見当たらず、雑誌に小さく載っていただけです。

「それ、本当ですか?」とまず質問しました。

彼は勢い込んで言いました。「原爆だけじゃない。米軍は日本全国に爆弾を落として街を焼き払い、市民を虐殺した。いまもイラクを爆撃している。新聞には米軍の兵士が何人死んだという記事が載るが、イラク人の死者の数は載せない」と怒るのです。さらに「テロを引き起こす人びとの絶望的な気持ちを、われわれは理解しなければならない」と語りました。

愛国主義で固まっていた当時の米国だけに、信念がなければ口にできない言葉です。人気への影響を心配して政治的な発言をしない俳優も多いなかで、彼は意見をはっきりと公言する勇気をもっていました。

俳優になった動機を聞くと「ほかに何もできなかったからだ」と思いがけない言葉が返ってきました。身長が１６３センチしかなく顔も不細工で女の子にもてず、ユダヤ人なので差別され、物覚えが悪くて高校は落第寸前だったし、劣等感の塊でまともな就職もできなかった……。

本当なら僕と同じ身長です。その場で立って並んだら、その通りでした。

「就職できない男子は軍に入るのが普通だったけど、軍人にはなりたくなかった。何のとりえもなかったけど、プライドだけはあった。能力がないので何をしても成功するはずがない。俳優なら成功しなくてもあたりまえなので俳優を選んだ」

驚くではありませんか。あの名優ダスティン・ホフマンが劣等感の塊だったというのです。

それにしても、能力がなく物覚えが悪いというのが本当なら、どうして俳優になれたのでしょうか。はじめは貧乏で家もなく、舞台俳優をめざす仲間の家にころがりこんで台所の片隅で寝たといいます。その仲間とは、後の映画俳優ジーン・ハックマンでした。

そのころはエキストラの通行人役をつかむのが精いっぱい。でも、どんな端役《はやく》でも懸命にやりました。たまたま舞台を観た映画監督が彼の演技に目を留め、作品の主役に抜擢しました。それが『卒業』です。必死の努力が報われたのです。

僕は「そうは言っても、心の中ではいつか大俳優になれると自信をもっていたでしょう?」と水を向けました。

すると彼はいきなり立ち上がって「ネバー!(そんなことはない)」を連発し、僕がメモしていた紙をひったくって振りかざしながら叫びました。

「あのころ神様が天からこうして紙を差し出して、『この契約書にサインしたら京都の場末の劇場に端役として一生採用してやろう』と言ってくれたら、私はすぐに署名しただろう」

そのくらい飢えていたのです。30歳になるまで親の仕送りがなければ生きて行けなかったと言います。成功するなんて露《つゆ》ほども思っていなかったと。

最後に彼は「人生でいちばん大切なのは、自分が情熱をもてることをやることだ。成功することよりも、そのほうが大事だ」と語りました。

運がないと嘆くより、運をつかむよう励むことです。人間として誇りをもち、輝く人生を送る。すがすがしい生き方ではありませんか。

世界が驚いた当選――アメリカ

2018年11月にアメリカで行われた中間選挙で、史上最年少、29歳の女性の連邦下院議員が誕生しました。アレクサンドリア・オカシオコルテスさんです。

当選する前の彼女を映画に描いたのが、マイケル・ムーア監督の『華氏119』でした。「119」とは、2016年の大統領選挙でトランプ氏の勝利が発表された日付です。この日以来、米国はめちゃくちゃになりました。

民主主義の牙城と呼ばれる米国で、どうしてトランプ氏のような独裁的な人が選ばれたのでしょうか。それは有権者が彼の危険性を見過ごし、野放しにしてしまったからです。「民が黙れば民主主義は消える」とムーア監督は言います。

そんな状況の中で2つの変化が起きました。1つは社会主義者を自称するサンダース氏が急速に支持を伸ばしたことです。もう1つは若者が政治意識をもったことです。高校での銃の乱射事件を機に、高校生が立ちあがって銃の規制を求め、全米の運動に発展しました。

その両方の要素をあわせもったのがオカシオコルテスさんです。母親は米国の準州であるプエルトリコ出身で、ヒスパニック系の有色人種です。ニューヨークの中でも貧しい人びとが住むブロンクスで生まれました。米国政治の中心にいる白人の権力者から最も遠い存在です。

大学生のときに零細企業を営んでいた父が病死し、家のローンを払うためにバーテンダーやウェイトレスをして働きました。そのかたわら子どもたちを教育する市民団体で社会福祉活動をしました。2016年の大統領選挙ではサンダース氏の選挙運動をしました。

そんな女性が中間選挙に立候補したのです。地元のニューヨークタイムズ紙は泡沫候補と見て、ほとんど報道しませんでした。にもかかわらず予備選挙で大物議員を破り、民主党の候補となりました。さらに本選挙で共和党の議員にも勝ってしまったのです。

彼女は政治団体「アメリカ民主社会主義者」のメンバーで、「労働者階級の代表」を名のっています。米国にはない国民皆保険を公約に掲げました。移民を犯罪者のように扱う移民局の廃止も主張しました。

米国の選挙運動はお金がかかるので有名です。でも彼女は企業からの献金を受け取らず、SNSで募金を集めました。彼女が集めたのは3000万円。それが約4億円を集めた民主党の大物議員に勝ったのです。

彼女が支持を求めたのは、候補者がふつう見向きもしない人びとでした。若者、有色人種、少数派、労働者、選挙で投票に行かなかった人びとです。こまめに家々をまわり、投票することで自分たちの環境を変えることができると訴えました。それが政治の外にいた人びとを政治の世界に引き戻したのです。若い女性がこれだけの快挙を成し遂げました。

映画『華氏119』に登場する彼女は、いかにも若者らしく、恐れるものは何もないし失うものもないという姿勢で、人びとに積極的に訴えかけていました。

彼女が勝利したことの衝撃はとても大きいものがあります。政治とは無関係と思っていた人でも国政の議員になれることを証明したのですから。

当選して議員になったあとも彼女は、首都ワシントンの議会からSNSで発信しています。これまでは裕福で特殊な特権層が牛耳るものだと思われていた政治が、国民に身近なものとなりそうです。あとに続く若者も出てくるでしょう。

「アメリカだからできることで、日本では無理だ」という声が聞こえてきそうです。日本人はすぐに否定的な結論を出し、言い訳をします。そんなことを言っている限り、日本はいまのままです。そういう本人も幸せではないでしょう。時代は変化を起こす人を求めています。

4 つながることで力が生まれるヨーロッパ

連帯の力――ポーランド

〽森へ行きましょう娘さん……で始まる陽気な歌は東欧ポーランドの民謡です。もともとの歌詞は、娘が森で狩人に会い、「あなたにパンをあげたいけど、私が食べちゃった」というユーモラスな内容です。

この国はドイツとロシアという2つの強国にはさまれ、国土を失う苦労をしたこともあります。それでも国民はユーモアを忘れずに生き抜きました。

グダンスク（グダニスク）という港町があります。ドイツ領だった時代はダンツィヒと呼ばれ、映画にもなった小説『ブリキの太鼓』の舞台でした。

中世に戻ったような石造りの建物が並ぶ旧市街。なにしろ千年の歴史がある街です。運河沿いにはロケットのような形をした木製のクレーンもあって、貿易で発達した風土を感じます。

この町は1989年に東欧の独裁政権が次々に倒れた東欧革命の発火点となりました。名高い自主管理労組「連帯」の発祥地です。

海に面してグダンスク造船所があります。かつてはレーニン造船所という名でした。最大時には1万7000人が働き、常時30隻が建造されていましたが倒産し、現在は規模を縮小して再出発しています。

ポーランドの革命のきっかけは80年に起きた造船所のストライキでした。1人の女性労働者がクビになったのをきっかけに、自由を求める独立した労組を認めさせるための闘いが始まりました。独裁政府は戦車を繰り出して造船所を包囲しました。

現在、造船所の正門には白地に赤く「連帯」と染め抜いた旗と、当時のローマ法王ヨハネ・パウロ2世の写真が飾られています。そばには弾圧の犠牲者を追悼する高さ25メートルの記念塔が立っています。

赤レンガの建物がかつての「連帯」の本拠です。組合と経営側との間で、自由労組の承認や表現の自由などを保障する歴史的な21カ条の協定がここで結ばれました。

すぐ近くに船の形をした巨大な4階建ての建物がそびえています。「連帯」の活動を記念する欧州連帯センターです。

当時の自主管理労組の運動に参加したアンジェイ・ナブロツキさん（70歳）に会いました。当時は造船所の設計技師で、のちに「連帯」の代表となるワレサ氏は電気工でした。

ナブロツキさんによると、80年の時点で1000万人が反政府抗議行動に参加していたそう

です。当時のポーランド全人口の4分の1に当たる膨大な数です。翌年、戒厳令が敷かれてワレサ氏を含む1万人が逮捕されました。それでも国民は沈黙しなかった。反政府を叫べば逮捕される時代に、どうやって抵抗の意志を示したのでしょうか。

その答えが欧州連帯センターの展示にありました。2階奥の壁には電気の抵抗器の形をしたオブジェが並んでいます。長さ2センチほどの古びた本物の抵抗器がケースに飾ってあります。人びとは当時、抵抗のシンボルとしてこの抵抗器を胸に付けて意志を示したのです。

けっして沈黙しないこと。手を変え品を変えてあきらめずに主張すること。戒厳令下でも憲法記念日などで10万人規模の抵抗集会を開き、「連帯」の組織を粘り強く全国に広げ、ついに政府に交渉相手と認めさせたのです。

当時、ワレサ氏は言いました。「暴力に訴えて勝利しようとしたことはない。勝利とは、友だちをたくさんつくることだ」。まさに連帯を力にしたのです。

その闘いは89年6月のポーランド初の自由選挙実施に結実しました。「連帯」が圧勝し、翌90年にワレサ氏は大統領に就任しました。

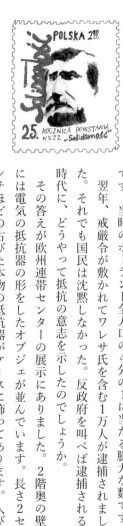

30万のVサイン――チェコ

ベルリンの壁が崩壊した1989年、僕はベルリンを取材したあとチェコを訪れました。首都プラハは革命の真最中でした。

市の中心部の通りに面したビルの壁は、市民が手書きした何百枚もの紙で埋まっていました。これまでの政権の何が悪かったのか、どんな政府にすべきかについて、市民が自分の意見を書いて貼ったのです。酒場でも、この国でつくられる名高いピルゼン・ビールを飲みながら、市民が議論しています。

革命が成功した12月10日、勝利集会が開かれました。会場の広場は30万人で埋まっていました。それにしても寒い。零下10度です。靴を通して石畳から冷え込みが襲います。手がかじかんでメモの字がゆがみます。

見上げるビル4階のバルコニーに女性が登場し、両手を広げて歌い出しました。この寒さの中で薄物のドレス姿です。朗々としたアルトの声が響きます。

歌を聴きながら周囲を見まわして驚きました。広場を埋めた人びとが右手の手袋をとって腕を高く掲げ、指でVサインを示しているではありませんか。涙を流しながら。

寒気のため、スラブ系の白い肌の指が見る見るピンクに染まります。30万の白いVの字の花がピンクに変化するかのようです。「歌っているのはマルタ・クビショバ。この20年間、歌うことを禁じられていた元歌手です」と通訳さんが説明してくれました。

1968年、チェコは「プラハの春」と呼ばれる自由化に沸きました。しかし、ソ連が戦車で介入して自由主義の政府をつぶし、ソ連べったりの政府を押し付けたのです。

冷戦下だけにチェコ国民の多くは黙って従いました。しかし、力の支配に立ち向かった市民もいたのです。彼女がその一人でした。

歌手としてチェコ最高の「金のヒバリ賞」を2年連続で受賞し、人気も実力もある彼女がソ連の介入を批判しました。新政権は、これ以上批判するなら歌手活動を禁止すると、彼女に通告しました。

しかし、彼女は屈しなかった。このため翌年の1969年、歌手活動ができなくなりました。花形スターから一挙に失業者です。それでも政府批判を続けました。

その彼女がいま、20年ぶりに人前で歌を歌っているのです。苦労のため白髪になり、顔には深いしわが刻まれています。人びとは彼女の不屈の意志に敬意を抱き、同時に自由が来たことを悟ったのです。

歌った曲は「祈り」。「プラハの春」のさなかに作曲されました。かつてチェコが独立を失ったとき、亡命者が祖国との別れの悲しみを込めた詩に曲をつけたものです。

この歌もまた禁じられた歌でした。禁止された歌を禁止された歌手が歌うのです。時代が変わったことを、人びとは実感しました。

僕のすぐ横に、小さな男の子を肩車して2時間の集会のあいだ身じろぎもせず立っていた男性がいました。チェコ・フィルハーモニーの演奏家でした。

「これまでは自宅で話せる本音と外で話す建前の2つの言葉を使い分けていた。今日からは本音だけでいい。この喜びの光景を息子の目に焼き付かせたかった」と言います。かつてのチェコは共謀罪の下にあるような暗い世の中だったのです。

革命を引き起こしたのは市民のデモでした。デモを呼びかけたのは芸術家を中心とする市民団体です。デモに加わる人が膨大な数に増え、ついに政権を倒したのです。市民団体の代表を務める劇作家ヴァーツラフ・ハベル氏が大統領になりました。日本でいえば「9条の会」がデモを呼びかけ、作家の故井上ひさしさんが首相になるようなものです。まさかとお思いでしょうが、そんなことがチェコでは実際にあったのです。

市街戦の中で――ルーマニア

1989年の東欧革命の最後はルーマニアでした。チェコの革命を取材している最中にラジオのニュースが、ルーマニアで革命が起きたことを告げました。

すぐにプラハ駅からバルト・オリエント急行という国際列車に乗り、ルーマニアの首都ブカレストをめざしました。到着したのは24時間後の12月23日午前11時25分。駅の外は市街戦の真最中でした。

軍隊が革命派と独裁派に真っ二つに分かれて戦っていました。避難しようとする人びとの車が駅前を飛ぶように疾走します。大通りに立ちはだかって走る車を停め、取材に車を貸してくれと叫びました。何人にも断られた末に、ようやく応じてくれたのは哲学の大学教授です。

どこに行きたいかと問われたので「市街戦がいちばん激しいところに行ってください」と頼みました。発進して3ブロック行くと、ビルの影から戦車が出てきました。思わず頭を伏せます。

「あれは革命派だ」と教授が言います。戦車兵が着けている三色旗の腕章が目印です。兵士にインタビューしようと車を飛び出したら、銃撃されました。足元を銃弾がピュンピュンと跳ねます。見上げると左のビルの窓から兵士が自動小銃をかまえています。独裁派です。すると目の前の戦車が窓に向けて発砲しました。目の前で銃撃戦です。

中南米でゲリラ戦を経験しましたが、市街戦ははじめてです。銃弾が前後左右から飛んできます。ビルの壁に当たって跳ね返るのです。歴史的な場所に居合わせたのだとようやく悟ると、ジャーナリスト魂が燃えてきました。

そのままぐんぐん進むと、通りの真ん中に数十人がたむろしています。危険なときに何をしているのだろうと訝《いぶか》ったら、人びとが車の前をふさぎました。血走った目で「車のトランクを開けろ」と口々に叫びます。彼らは僕の荷物を引っかき回したあとで「よし、行っていい」と言いました。僕は「あんたたち、いったい何をしてるんだ?」と聞きました。

その集団の代表は女子大学生でした。革命が始まったことをテレビのニュースで知ったけれど、独裁派が強いため成功が危ぶまれました。革命を成功させるために自分も何かしたいと思って外に出たら、同じ思いをした人がいた、というのです。

何をしたらいいかをみんなで話し合いました。独裁派の兵士があちこちのビルから市民を狙撃しています。彼らに銃弾を運ぶ車があるはずだから、みんなで検問して銃弾を押収することにした、というのです。

また、しばらく行くと、大通りの向こうから戦車が来ました。数十人もの市民が戦車の前をふさぎ、子どもが砲塔によじ登って石でガンガンたたきます。みんなで「出てこ〜い」と叫びます。

やむなく顔を出した兵士は革命派の腕章をしていませんでした。市民から「なぜ革命に参加しないんだ？」と罵声が飛びます。困惑顔の兵士がしばらくして「わかりました。いまから革命派になります」と言うと、市民から歓声が上がりました。

革命はどのようにして進んでいくのか。それを絵に描いたような光景が次々に目の前で繰り広げられます。ここでは、身の危険を顧みず変革の前面に立った、名も知れぬ市民たちが主役でした。

大通りの向うで市民たちが独裁派の兵士と対峙しています。そこに行きたいけれど、大通りの両側で銃撃戦をしています。向こうにたどり着く前に撃たれるかもしれない。そう思うと足がすくんで一歩が踏み出せません。

ためらっている僕に隣から声がかかりました。「ブシドー（武士道）！」

（次項に続く）

歴史を動かした一声——ルーマニア

ルーマニアの首都ブカレスト、1989年12月。雪が積もる零下10度の寒さの中、石造りの市街地に銃撃戦の射撃音がこだましました。戦車砲から自動小銃まで、あらゆる武器が火を噴いています。

幅50メートルの大通りの向こうで、ビルの窓から独裁派の兵士が市民に発砲しています。行きたいけれど、大通りの両側で銃撃戦をしています。これを潜《くぐ》り抜けて行くかどうか、ためらう僕に声が飛びました。

「ブシドー！」

武士道です。

さらに「ハガクレー！」と続きました。

武士の心構えを説いた佐賀鍋島藩の『葉隠』です。

声を出したのはルーマニア人の少年でした。僕が取材で飛び回っているのを見て「外国の記者ですね。ボランティアでお手伝いをしたい」と言ってくれました。名前はクリスチャン。彼のおかげで市街戦の中、地図ももたないのにどこに何があるかがわかって、大いに助かりました。

彼が武士道という言葉を知ったのは日本のチャンバラ映画からでした。ともあれルーマニアの少年から「武士道！」と声をかけられたのですから、日本男児としてためらってはいられません。運を天に任せて走り出しました。

耳元を銃弾がヒュンヒュン音を立てて飛び交います。前かがみで全力疾走し、幸い無事にたどり着きました。運転席が血で染まった赤十字の車が歩道に乗り上げています。歩道を踏んだとたん、足元で銃弾が跳ねました。

向かいのビルの4階の窓から独裁派の兵士が銃を撃っています。周囲の人びとは割れたショーウインドウからデパートに駆け込みました。銃撃が止むと外に出て兵士に怒鳴ります。その繰り返しです。

これでは埒《らち》が明かないと思ったのでしょう。市民たちは話し合いました。だれかが「ここに来る前に20人くらいの兵隊がボーっと立っているのを見た。あいつらを仲間にしよう」と提案しました。

上官がいなくなると、兵士はどうしていいかわからなくなるのです。中学生くらいの少年が彼らを呼びに行きました。まもなく一列になって兵士が走って来ました。

市民たちは兵士に「武器もない俺たちが戦っているのに、お前たちは何をしてるんだ」と叱りました。兵士たちは困った顔をしています。しばらく隅でこそこそ話していましたが、やがて「わかりました。いまから私たちは革命派になります」と宣言しました。

市民が「敵は向かいのビルに入る。突っ込め！」と叫ぶと、兵士たちは敬礼して向かいのビルに突入しました。やがて銃撃音がして窓から火薬が飛び散りました。手榴弾を投げたのです。

市民が兵士を動かし、それが革命を成功させたのです。市街戦のあちこちでそれが見られました。あらかじめ司令部があったのではありません。自発的に立ち上がった市民が社会を変えたのです。

革命の最初は暴動でした。そのきっかけをつくったのもまた、勇気ある一人の市民でした。独裁者チャウシェスクが集会で演説しているとき、群衆の中から「人殺し、ウソつき」という声が上がりました。

一瞬、その場が凍りついたようになったあと、「そうだ！」という声が次々に出て収拾がつかなくなり、暴動そして革命に発展したのです。

声を上げたのは35歳の技師でした。逮捕され死刑になるのを覚悟で声をふり絞ったのです。命をかけた一声が歴史を変えました。

すべてが終わったあと、クリスチャン君に「ところで君は何者なの？」と聞くと、彼は「そうだ、僕は病人だった」と笑い出しました。

地方に住む予備校生でしたが重い病気にかかり、検査のために首都の病院に来たのです。そのとき革命が起き、病気のことを忘れて走り回っていたのでした。

助けてくれたお礼に、少しばかりのお礼を渡そうとしたのですが、受け取ってくれません。「自分の国の革命が世界に正しく伝えられるためにやったのだから」と言うのです。仕方なく腕時計をはずして記念にプレゼントしました。いまも持ってくれているでしょうか。

つながった人間の鎖――バルト三国

ヨーロッパの東の端に、おとぎ話に出てくるような中世の風景が残る3つの国があります。北からエストニア、ラトヴィア、リトアニア。いずれも北海道より小さい国です。「バルト三国」と呼ばれるこれら3か国は、いずれも旧ソ連の一部でした。ソ連が崩壊したとき、ソ連傘下の他の国はオロオロしましたが、この三国は早くから自立に向けて準備し、自力で独立を果たしました。

独立への大きなきっかけが1989年8月23日の「人間の鎖」です。三国の首都をつなぐ600キロ以上もの道を、200万人以上の人びとが手をつなぎました。東京から姫路まで、線路に沿って人びとが途切れなく手をつないだ光景を想像してみてください。

人間の鎖がつながった日のちょうど50年前の1939年、三国の東側のスターリンのソ連と西側のヒトラーのナチス・ドイツが不可侵条約を結びました。そのときの密約でバルト三国はソ連に組み入れられたのです。

侵攻したソ連軍により、三国は強制的にソ連（ソビエト連邦）に加盟させられました。反対する人びとは逮捕され、約2万人もの人びとがシベリアに送られました。屈辱の日から半世紀を経て、人びとは抗議の意志を非暴力で示したのです。

リトアニアで出会った若い女性シモーナさんに当時のことを聞くと、とたんに目を輝かせました。彼女が「人間の鎖」に参加したのは5歳の時です。その記憶がありありと残っているのです。

お母さんが「行こう」と言い、迷っていたお父さんと2歳の弟とともに4人でバスに乗りました。郊外の指定された場所に着くと、見知らぬ人がたくさんいました。シモーナさんは知らない男の子と手をつなぎました。

鎖を完成させたのは午後7時からの15分間です。列をなした頭上に花びらが舞いました。市民があらかじめ空港に持ち寄っていた花が、飛行機で上空からまかれたのです。

みんなでいっしょに歌いました。「ブンダ・ヤウ・バルティヤ」（バルト三国は目覚めた）という歌です。「三国は姉妹だ。ソ連に占領されたが、いま私たちは目覚めた」という歌詞です。いまでも歌うとワクワクした感覚がよみがえる、とシモーナさんは言います。

「人間の鎖」を組織したのは、三国それぞれにできた国民戦線という市民組織でした。当局にばれると中止せざるを得ないので、慎重にことを運びました。鎖が途切れないように工夫もしました。

なるべく人が少ない郊外にバスで行くよう市民に呼びかけました。人が少なかったときのため、離れた人をつなぐベルト2本を持参するよう指示しました。ミニバスを繰り出し、人が多いところから少ない場所に運んだりもしました。

ラトヴィアの首都リーガの国民戦線博物館を訪ねました。2階に「人間の鎖」の参加者の等身大の写真パネルがあります。2つのパネルの間に立って、僕も手をつないでみました。足元には鎖の道筋を示す地図があります。自分が鎖の一部になったような気がしました。

リトアニアの首都ヴィリニュスとエストニアの首都タリンには「人間の鎖」の南北の起点を示す記念碑がありました。両方とも30センチほどの四角い敷石に、裸足の足形が彫られています。僕の足を横に置いてみました。足形は長さ30センチほどもあります。彫りが深く、大地を踏みしめているように感じられました。

いまも毎年、8月23日には記念行事をしています。人びとは鎖の道筋のあちこちでたき火をし、道に立って、そこで出会う人にケーキを贈りあいます。

とかく大国は身勝手なものです。間に挟まれた小国はひどい目に遭います。しかし、それをはねのける力が私たちにはあるのです。連帯という力が。勇気を出して一歩を踏み出し、手をつなげば未来が開けます。

歌う革命——バルト三国

バルト三国には共通点があります。地域ごとに民族合唱団があるのです。三国とも数年に一度、国をあげて歌の祭典が行われ、ユネスコの世界無形文化遺産に登録されています。

三国の中心にあるラトヴィアは「歌の国」と呼ばれます。この国の人びとは「歌いながら生まれ、歌いながら育ち、歌いながら生き抜く」と言われます。国民1人に1つの民謡があると言われるほど、多くの民謡があるのです。

首都リーガでガラタカという名の合唱団に出会いました。伝統的な民謡と民舞、伝承遊びを伝えるグループです。9家族3世代で構成されています。団長は40歳の女性イネスさん。団員は白いブラウスに赤や緑の縦縞の長いスカートをつけています。

収穫の歌や先祖の魂をまつる歌などを聴かせてくれました。「バラが咲いた」という歌は、母親が勧める男と結婚したくないという娘心を歌うものでした。琴の原型のようなクアクレという弦楽器の伴奏つきです。

このような合唱団があちこちにあり、5年に1度、国をあげて歌の祭典が開かれます。舞台に上がる人だけで1万5000人、観客は7万人という規模です。

ラトヴィアだけでなく南のリトアニアも4年に1度、5万人が参加する歌と踊りの祭典を開いていています。北のエストニアは5年に1度です。

三国でいちばん早く歌謡祭が開かれたのは、このエストニアでした。相撲の元大関、把瑠都《バルト》の故郷です。早くも1869年に第1回の歌謡祭が行われました。

首都タリンの郊外には歌謡祭に使われる専門の広場があります。「歌の原」と呼ばれる広大な緑の芝生です。芝生の向こうには真っ白な三日月形の野外音楽堂がそびえます。コンクリートの段が並び、1度に3万人もの人びとが舞台に上がることができる巨大さです。

全国各地から集まった合唱団がそれぞれの民族衣装を着て、各地に伝わる伝統的な歌を歌うのです。とくにみんなが声をそろえるのは「我が祖国は我が愛」という歌です。

我が祖国は我が愛
汝に捧げし　我が心
汝に歌わん　我が幸　咲き匂う花のごとく
麗《うるわ》しき地よ　エストニア……

という、母なる地への賛美が続く長い歌です。作詞したのは19世紀の女性詩人です。

この歌は第二次大戦後の1947年にはじめて「歌の祭典」で歌われましたが、民族感情をあおってソ連の結束を乱すと考えられ、ソ連当局によって禁止されました。抑圧が一時的にゆるんで65年に再開されたときは2万6000人が歌い、12万人が聴いたと言います。しかし、再び抑圧が厳しくなり、その後はおおっぴらには歌えませんでした。

ベルリンの壁が崩壊する前年の88年9月11日、この「歌の原」に約30万人もの市民が集まり、歌で旧ソ連からの独立を求めました。

30万人が集まって、だれからともなくこの歌が口をつくと、当局は止めることができませんでした。警察もいましたが、暴力をふるっているわけではないので取り締まれなかったのです。人びとは歌いながら、禁じられていたエストニアの旗をバッグから取り出して振りました。当時は持っているだけで逮捕された旗です。自宅の床下などに隠されていた旗が、30万人によってそこかしこになびいたのです。

それから3年後、エストニアも他の2つの国も、独立を果たしました。歌をもって独立運動としたこの動きは「歌う革命」または「歌いながらの革命」と呼ばれます。非暴力で平和な「歌の革命」が、武力の抑圧をはねのけたのです。

命のビザ――リトアニア

バルト三国で最も南にあるリトアニアは、中世には大国でした。第一次大戦から第二次大戦まで首都となったのは中部の古都カウナスです。郊外の湖に囲まれた島には、おとぎ話に出てくるような赤いレンガ造りの古城がそびえます。

市街地を見下ろす小高い丘に瀟洒《しょうしゃ》な住宅が並びます。どの家の庭にもリンゴの木がいっぱい実をつけています。

門柱に「希望の門」と日本語で書かれた住宅は、かつて日本領事館でした。第二次大戦中の1940年夏、ここに大勢のユダヤ人が詰めかけました。ナチス・ドイツの迫害を逃れようと、隣国のポーランドから逃げてきた難民です。シベリア鉄道を経由して日本に渡り、船でアメリカ大陸に渡航しようと、日本の通過ビザを求めたのです。

当時、領事代理だったのが杉原千畝《すぎはら・ちうね》でした。難民のほとんどが必要な書類をもっていません。杉原が日本の外務省に問い合わせると、書類がある者にしか発行を許可してはならないという返事でした。

日本政府の役人としては、この訓令に従わなければなりません。ならば難民たちはこの国を出られず、命を奪われるでしょう。彼らを見捨てることになります。組織に従うか良心に従うか。悩んだ末に彼は決断しました。

そのときの彼の言葉が、カウナス市内にある旧ナチスの強制収容所に展示してありました。約5万人のユダヤ人が殺された場所です。

「私は政府に従わなかったのかもしれない。でも、そうしなかったら、神に従わないことになるだろう」

杉原は正義感だけからユダヤ人を救済したのではなかったのです。彼には国家よりも大事な「神」という価値観があったのです。

いまは杉原記念館となった旧領事館に、彼の人生を語る展示がありました。彼は若き日にロシア女性と結婚してロシア正教に改宗したと書かれています。

杉原は外務省の留学生として旧満州でロシア語を学び、「満州国」の官吏となりました。そこでクラウディアという女性と結婚し、自分の意思でキリスト教の洗礼を受けたのです。のちに協議離婚し日本女性と再婚しますが、信仰心はもち続けました。

リトアニアにいたユダヤ人の90%は、ナチスの強制収容所で虐殺されました。収容所で一晩に9200人が殺されたという記録が残っています。それだけに収容所の展示は杉原に敬意を払っています。

杉原は「外務省をクビになることは予想していた……しかし、私自身、これが正しいことだと考えた。多くの人の生命を救って、何が悪いのか……人間性の精神、慈悲の心、隣人愛……そういった動機で、私は困難な状況にあえて立ち向かっていった。そんな動機だったからこそ勇気百倍で前進できた」と書いています。

その決心を妻の幸子《ゆきこ》さんが後押ししました。「これだけの人たちを置いて、私たちだけが逃げるなんて絶対できません」と。

いったん決心した杉原は、寝る間も惜しんで署名しました。最後はペンが折れたといいます。杉原によって命を救われたユダヤ人は6000人に上ります。

カウナスの駅の壁には、杉原の顔のレリーフの下に「1940年9月4日、カウナス駅を出発する直前まで『命のビザ』を発給し続けた」と称える日本語の説明があります。

国家や組織に命じられると、おかしいと思っても人は従いがちです。そして罪の意識を背負うことになります。信仰心でなくても、人道や人権への強い信念をもっていれば、勇気は百倍になるのだと杉原は教えてくれています。

過去と決別するための記憶——ドイツ

ドイツで第二次大戦が終わったのは1945年の5月8日です。この国では、この日をそっけなく終戦記念日などとはいいません。「民主主義の日」と呼ぶのです。未来に向けて民主主義を築く決意を示す日です。

戦後60周年に当たる2005年のこの日、首都ベルリン中心部の広場で、人びとは平和と民主主義を祝いました。集った人の中に、「人間の尊厳は不可侵である」と書いたゼッケンをつけた人がいました。

ドイツの憲法である基本法の第1条第1項の条文です。ドイツの憲法は冒頭で人権の尊重をうたいます。「これを尊重し保護することは、すべての国家権力の義務である」と続きます。

この年、日本では終戦記念日に小泉首相が靖国神社に参拝し、中国で反日暴動が起きましたが、ドイツは、首都ベルリンの中心部に、ユダヤ人虐殺の記憶を後世に伝えるためのホロコースト記念碑を建てました。国会議事堂のそばに2711の石碑が並んでいます。ナチスが他民族を圧殺したことをドイツは忘れない、という意思表示です。

戦後40周年に当たる1985年には、ワイツゼッカー大統領が「過去に目を閉ざす者は現在にも盲目となる。非人間的な行為を心に刻もうとしない者は、またそうした危険に陥る」と演説しました。

戦後のドイツは徹底してナチスを糾弾しました。それが他の欧州諸国に安心感と信頼をもたらしたのです。いま、ドイツが欧州諸国と仲良くやれるのは、自らを省みる姿勢を絶えず外に示したからです。ここが日本とは違います。

日本では戦犯がそのまま首相となり、戦前の財閥が残っていまも政治や経済を牛耳《ぎゅうじ》っています。自分たちの行為を正当化し、従軍慰安婦も南京大虐殺もなかったことにしようとしています。まさに「過去に目を閉ざして」います。だからアジア諸国は日本を疑いの眼で見るのです。

ヨーロッパでは、かつて戦争した国が欧州連合（EU）という一つの国家のような組織をつくりました。そのきっかけをつくったのは第二次大戦後のフランスのシューマン外相です。

彼はシンプルに考えました。20世紀に戦争を始めたのはドイツとフランスだ。戦争で欠かせないのが鉄と石炭だ。ならばドイツとフランスが鉄と石炭を共同で管理すれば戦争は起きにくくなる、と。

彼の提案で1952年に発足したのが欧州石炭鉄鋼共同体でした。それが発展して欧州経済

共同体となり、約40年後の1993年に現在のEUに結実したのです。

EUの市民の権利を定めたEU基本権憲章は2000年に公布されました。加盟国はこれに沿って法令を制定します。第1編は「尊厳」で、人間の生存権を保障しています。

いまや欧州にならって南米諸国連合もできました。次はアジアの番です。まずは経済でゆるやかに共同し、EUのように40年かけて関係を強め、共に生きるアジアをつくろうではありませんか。

ドイツの若者たちが最も尊敬しているドイツ人はベートーベンでもゲーテでもありません。戦時中にナチスに抵抗したゾフィー・ショルという当時21歳の女子学生です。彼女は「白バラ」というグループで反戦ビラをまいて逮捕されました。裁判で、他人にそそのかされたのでなく自分の意志でやったと堂々と述べ、処刑された勇気ある女性です。

彼女が同時代のドイツ人と違ったのは、ヒトラーの言葉をうのみにせず、自分で考えたことです。ドイツでは『アンネの日記』と並んで彼女の本が若者の必読書となっています。

原発を止めた憲法の力——オーストリア

オーストリアは原子力発電所を一度も使うことなく廃炉にしました。しかも、憲法で新たな原発の建設も禁止したのです。

首都ウイーンから西北西に37キロ行ったドナウ河の南岸に、ツヴェンテンドルフという人口4000人足らずの小さな村があります。1977年、ここに高さ110メートルの換気塔を備えた原発がつくられました。

完成する直前、稼働に反対する市民運動が起きました。ただでさえ安全性に疑問があるのに、ドナウ河が氾濫して津波のようになったらどうなるのか。さらに放射性廃棄物をどう処理するかも決まっていません。このため、稼働するかどうかをめぐって78年11月に国民投票が行われました。

オーストリアでは憲法43条で「法案は必要に応じて国民投票に付すことができる」とうたいます。政治を国会に任せて終わりにするのではなく、賛否が分かれる重大案件については国民自身の直接投票が行われる仕組みがあるのです。ここが日本と違います。

この点でさらに進んでいるのがイタリアです。有権者50万人以上の署名が集まれば国民投票を実施でき、投票率が50％を超えれば有効に成立して、法律を廃案にしたり削除したりすることができるのです。日本でいえば、たとえば秘密保護法が国会で通っても、国民投票で廃棄することができるのです。

福島原発の事故の3か月後に、イタリアでは市民の署名運動による要求で国民投票が行われ、凍結していた原発の再稼働に投票者の95％が反対しました。保守派による議会の決定は覆され、新たな原発は建設せず、すでにある原発は稼働しないことが決まったのです。

さて、オーストリアでの国民投票はどうなったでしょうか。結果は反対が50・5％で、わずかとはいえ過半数を超えました。このため1200億円の巨額をかけて建設したツヴェンテンドルフ原発は、一度も使うことなく廃炉と決まったのです。

これを受けて議会では原子力禁止法が全会一致で可決されました。ツヴェンテンドルフ原発への運転認可を取り消し、他の原子力発電のプロジェクトも破棄されました。

それだけではありません。1989年のベルリンの壁の崩壊を機に、オーストリアも北大西洋条約機構（NATO）に加盟しようという声が保守派から上がりました。そうなれば外国の核兵器が持ち込まれるかもしれません。

市民たちの懸念の声は、原発も核兵器も完全に禁止する条文を憲法に盛り込む市民運動に発展しました。その結果、1999年に憲法に3つの条文が入ったのです。
「核兵器を国内で製造、保有、運搬、実験してはならない」
「原子力発電所を国内で建設または稼働させてはならない」
「核物質を国内で運搬してはならない。特段の平和目的がある場合は例外とするが、それも核分裂エネルギーの製造の目的であってはならない」

こうしてオーストリアは、世界にも稀な非核・反原発国家となりました。市民による下からの変革が社会や国を変えたのです。

そのツヴェンテンドルフ原発は、いま、どうなっているのでしょうか。その後、建物と敷地に1000枚を超す太陽光のパネルが取り付けられました。原発が太陽光発電所に生まれ変わったのです。

福島原発の事故直後の2011年5月、オーストリア政府は他の欧州諸国に呼びかけて「反原子力会議」を発足させました。そこで採択したのが欧州全体の脱原発を掲げた「反原子力宣言」です。市民の動きは欧州全体を動かそうとしています。

5 受け継がれる抵抗の精神
アフリカ

アラブの女性力――チュニジア

真っ青な空の下、紺碧《こんぺき》の地中海に面して、白壁に青いドアの家が建ち並んでいます。まさに絵に描いたよう。ここは北アフリカのチュニジアです。

この国では2011年、市民の力が独裁政権を倒しました。北アフリカ諸国で独裁政権が次々に倒れた「アラブの春」の先駆けとなったのが、このチュニジアで起きた「ジャスミン革命」です。

それから3年経った14年2月、新憲法が採択されました。議会での投票では216人の議員のうち賛成が200人を占めました。承認が決まった瞬間、議員たちは立ち上がって拍手し歓声を上げ、泣きだす女性議員もいました。

女性議員と聞いて「あれ?」と思う人もいるでしょう。イスラムのアラブ世界では一夫多妻、女性は外出するにもベールをかぶり、女性は公の場に出ることができず、サッカー試合も見に行けないのが当然、といった話を耳にしますから。女性が議員になれるのか、と疑問に思う人は多いのではないでしょうか。

その点、チュニジアは他のアラブ諸国とかなり違います。僕が最初に訪問したのは1991年でしたが、町を歩く女性はベールで顔を覆うのではなくスカーフ程度で、西欧のように肌を露出した女性も多くいました。

首都チュニスは石畳の街角にオープンカフェがテーブルを並べ、まるでパリさながらです。元はフランスの植民地だったので、パリの文化が根づいているのです。

そのさいに聞いたのは、この国が軍事よりも教育に力を入れているということです。軍事費はわずかで、国家予算の30％を教育費に回していました。

とはいえ、アラブのイスラム国であるには違いありません。採用された新憲法はどんなものだったのでしょうか。

第1条は国教をイスラムと定めました。まあ、これはイスラム諸国では普通です。しかし、第2条は法の支配に基づく市民国家だと規定しています。第6条では信仰の自由を保護するとうたっています。

さらにすごいのは、女性の権利を保障したことです。法の下の男女平等、就業の機会における男女平等、そして議会における男女の割合を平等にするとまで憲法で定めました。

この国はもともと女性の社会進出が著しいのです。2001年の段階で、すでに大学教授の

50％が女性でした。ジャーナリストの24％、裁判官の33％、医師の35％、薬剤師の63％が女性でした。

日本で裁判官のうち女性が占める割合は10％ほどです。チュニジアの女性の社会的な影響力は、日本以上ではないかと思われるくらいです。それをさらに憲法で裏づけたのです。

この国で女性の権利が確立されたのは古く、1956年でした。この年、個人地位法が発効しました。一夫多妻制の禁止や夫の一方的決定による離婚の禁止が、半世紀以上も前に法律で保障されたのです。

もちろんイスラム社会という制約があり、遺産相続での男女不平等など、問題はあります。それにしても、なぜ女性の社会進出が盛んなのでしょうか。それは、この国の伝統産業の柱である絨毯《じゅうたん》を織るのが女性だからです。国は無料の職業訓練センターを運営し、そこでは年間5万人もの女性が新たな絨毯職人になるべく学んでいます。

女性の地位といえば2018年末に世界経済フォーラムが発表した国別の男女平等度が思い出されます。日本は110位でした。経済大国だと威張りながら、東南アジアやアフリカの諸国以下なのです。日本に改善の余地が大きいことがわかります。

君の瞳に乾杯——モロッコ

「君の瞳に乾杯」の名文句と主題歌「時の過ぎゆくまま」で名高い映画『カサブランカ』。そのテーマは愛と抵抗でした。舞台となったのは北アフリカのモロッコの町カサブランカです。

僕がはじめて訪れたのは映画の制作から50年経った1992年でした。町の中心部には歌に出てくるカスバのような旧市街があり、金細工、絨毯、香辛料などの狭い店がひしめきます。

赤い傘と衣装を身にまとい、金色のコップを首に下げた男が、ヤギの革袋に入れた水を売り歩きます。ヒツジの臭《にお》い、ミント茶の香り。ベールで顔を覆った女性の足には青い入れ墨も。中世のような空気が流れます。

一方、新市街には高層ビルが並びます。その一角に映画にちなんだ店「カフェ・アメリカン」がありました。給仕は映画の主人公のようなトレンチコート姿です。僕を見たピアノ弾きが「上を向いて歩こう」を演奏し、日本語で歌ってくれました。

かつてフランスの保護領だったモロッコは第二次大戦中、ドイツ軍に支配されました。この町で生まれ育ったフランス人の歴史学者マルティネ教授に聞くと、当時、モロッコにはヨーロッパから亡命者が逃げてきたといいます。モロッコを経由してアメリカに渡るためです。映画の主人公のような米国人もいました。映画の『007』のような諜報部員です。

ドイツ軍が撤退したあとはスペイン人のスパイが残り、米大統領と英首相がこの町で会談するという情報をドイツに通報しました。ところが会談の場所を「カサブランカ」とスペイン語で知らせたため、ドイツの情報部は勘違いしてしまった。

「カサブランカ」はスペイン語で「白い家」のこと。つまりドイツ軍は会談の場所が米国のホワイトハウスだと思いこんだのです。マルティネさんが著書で明かした事実です。

原作が米国の映画会社ワーナーに持ち込まれたのは、1941年12月8日です。日本が真珠湾攻撃（アメリカ時間12月7日）の成功に沸く中、対岸のハリウッドで、この映画の制作が決まりました。

監督はハンガリーからの亡命者です。反ナチの闘士役はオーストリアからの亡命者、ナチの将校役はナチスへの協力を拒否してドイツから米国に亡命してきた自由の闘士です。俳優やスタッフの国籍は34か国を数えます。

彼らは追われた祖国への熱い思いと占領者への抵抗の意志、民主主義を取り戻す信念をこの映画に注ぎました。画面にはその熱意があふれています。

ナチの将校が我が物顔に軍歌「ラインの守り」を歌うと、憤然とした抵抗運動の指導者が楽団を指揮します。フランス国家「ラ・マルセイエーズ」が流れ、客は総立ちで歌う……占領されても屈しない心を示す名場面です。

フランスの警察署長が「ヴィシー」製のミネラルウオーターの瓶を捨てます。ヴィシーはナチスに協力したフランスの軍人政府の本拠が置かれた地でした。これも抵抗の意思表示です。

主役のリックを演じるのは後にアメリカ大統領となるロナルド・レーガンの予定でした。そうなれば映画はかなり違うイメージになっていたでしょうが、幸いと言うべきか、レーガンは軍に召集され、ニヒルなハンフリー・ボガートが主役になりました。

カサブランカはドイツ占領下なので現地ロケはできず、大半がハリウッドでの撮影です。日本軍が空爆するといううわさが飛び、撮影所に防空壕を掘りながらの制作でした。

戦時下だけに、映画が完成すると検閲されました。米国の戦争情報局が直しを求めたのは最後の場面です。主人公がナチスの将校を後ろから射殺するところを「正々堂々と前から撃て」と指摘し、そのようにしたのです。

数年前にカサブランカを訪れると、そこに「カフェ・アメリカン」はなく、別の場所に「リックス・カフェ」がありました。抵抗の伝説は引き継がれています。

アフリカ沖の憲法9条——モロッコ

アフリカ沖の島に日本の憲法9条の記念碑がある、という話が耳に入りました。本当かなと疑いましたが、自分で行って確かめればいい。そう思って現地に飛びました。

めざしたのはモロッコの沖合にあるスペイン領のカナリア諸島。グラン・カナリア島のテルデ市にその記念碑があるという、それだけの情報です。まあ、行けばなんとかなるでしょう。

成田から飛行機でスペインに飛び、国内便に乗り換えて島に着きました。空港でテルデ市行きのバスに乗りました。終点で通行人に聞くと、その人は向こうの広場を指さしました。

広場に着くと、入り口に「ヒロシマ・ナガサキ広場」と書いてあります。驚きました。アフリカ沖の島に広島と長崎の名を付けた広場があるのですから。

タイルを貼り付けた畳1枚ほどの大きさの板が、壁にかけてありました。白いタイルに鮮やかな青い文字が焼き付けてあります。スペイン語で書かれた日本国憲法第9条です。本当にあった！

なぜ、こんなものがあるのでしょうか。

空港と市を結ぶ道路をつくったさい、空き地ができました。当時のサンティアゴ市長は、ここを市民が平和を考えるための広場にしようと思いついたというのです。

まず考えたのが広場の名前です。第二次大戦で最も悲惨な目に遭ったのが原爆被爆地です。そこで広島と長崎の名が浮かびました。次に、市民が平和を考えるきっかけになるものを置きたいと思いました。そこで彼が思いついたのが日本の憲法第9条の記念碑だったのです。

世界中の国が日本にならって軍隊をなくせば、戦争はしたくてもできなくなる。これからの世界を平和にする原点は日本の憲法9条だと彼は確信し、記念碑の建設を考えたのです。市議会に提案すると、満場一致で賛成でした。

広場が完成して記念碑の除幕式が行われたのは1996年1月26日です。サンティアゴ市長と全市議、さらに市民1000人が広場に集まりました。除幕のあと、全員でベートーベンの第九「歓喜の歌」を歌って祝ったといいます。

それを聞いて思い出したのが、沖縄の読谷村《よみたんそん》で見た憲法9条の記念碑です。役場の前のコンクリートの柱に憲法9条を彫った金属板がはめてありました。沖縄戦から50年経った95年、二度と戦争をしない、させないという意味を込めて、村長と村議会の全員の意志で建てたのです。

記念碑を建てる趣意書にはこう書いてありました。

「平和なうちに生命を次へとつなぐことのできる社会こそ私たちの願い。その社会の実現を信じよう。われわれ自身の力を信じよう。世界中が9条の精神で満ちることを信じよう」

これを読んだとき、そんなことが実現するわけがないと僕は思いました。だって、当の日本でさえ9条をなくそうという動きが強くなっているではありませんか。

しかし、カナリア諸島の記念碑を見つめていると、考えが変わりました。

日本人のほとんどが訪れたこともない、それどころか聞いたことさえないアフリカ沖の島に、憲法9条の記念碑があるのです。それも日本人ではなくスペイン人が自らの意志で、自分たちの税金から費用を出して建てたのです。

もしかして地球上のあちこちに憲法9条を求める人がいるかもしれない。世界中が9条の精神で満ちる日が、いつか本当にやってくるかもしれない。心の底からそう感じました。

憲法9条は、私たち日本人が知らないところで世界の人びとから尊ばれています。私たちはじつは、かけがえのない憲法をもっているのです。

立ちあがった若者——エジプト

「私たちがエジプトを変えた日、それは1月25日」

背中にそう印刷したTシャツを着た若者が前を歩いています。

2012年4月6日、僕はエジプトの首都カイロの中心部にあるタハリール広場を訪れました。タハリールとは「自由」を意味します。

この日は「4月6日運動」という若者の組織が発足して、4年目の記念日でした。ムバラク政権の下で虐げられていた若者たちが立ちあがったのです。若者の雇用の拡大、貧しい人びとの地位向上、言論の自由などをめざす市民運動です。

エジプトは若者の国です。人口の半分以上、52%が25歳以下です。街を見わたしても、だれもが生き生きしています。若者が主導して成功させたのが、2011年の「エジプト革命」でした。

彼らはSNSを通じて「1月25日、タハリール広場に集まろう」と訴えました。

集まったのは、最初は数百人でした。しかし、治安部隊が彼らに殴りかかるのを見かねた市民がどんどん集まりました。その結果、この日から2月11日にかけて、広場は9万人の人びとで埋まったのです。

その日の様子を撮影した写真集が売られていました。頭にスカーフを巻いた女性たちが、表情豊かに歌っています。抗議行動で殺された若者の写真を手にした黒い喪服の女性たち。ムバラク大統領（当時）に「去れ！」という紙を掲げて叫ぶ男たちもいます。

古代エジプトの王ツタンカーメンの像をつくって参加した人もいます。まるでお祭りのようです。指でVサインをしています。どの顔も喜びに輝いています。

エジプトの市民がこのように抗議行動に繰り出すことなど、かつては考えられませんでした。家にこもるのがあたりまえだと思われていた女性たちも大勢、声を張り上げています。胸に「きょう太陽は上る。独裁者よ、出て行け」と書いた紙を掲げた女性もいます。

広場にはテントが張られ、病人やけが人の看護に当たりました。情報センターもあります。食べ物や毛布を配り、その場で好きなプラカードをつくるコーナーもあります。子どもたちを預かる保育施設も設けられました。

参加した女性の言葉が写真集に載っています。「洋服を着ている私は、いつも奇妙な目で見られていました。私はといえば、ベールをかぶった女性はみんなイスラム原理主義者だと思っていました。広場ではベールをかぶった女性が反政府のプラカードをもっていました。彼女と目が合いました。互いに微笑んで、Vサインを交わしました」

宗教や習慣が違い、ふだんなら話もしない人たちが、この集会に来てはじめて意思を通わせたのです。キリスト教徒とイスラム教徒が、民主主義の回復のために、いっしょに祈りました。「人生ではじめて、為《な》せば成るということを知りました」「泣き、笑い、歌い、周囲の人たちと抱き合いました。エジプト人であることを誇りに思いました」という言葉もあります。

エジプトの隣のチュニジアで革命が起きたのは、その前年でした。「ジャスミン革命」と呼ばれます。23年間続いた独裁政権を崩壊させました。これに続いたエジプトやリビアの政権崩壊を含め、民衆が独裁政権を倒した一連の動きを「アラブの春」と呼びます。

エジプトの運動はムバラク大統領を失脚させることに成功しました。しかし、すべてがうまく運んだわけではありません。２０１３年には軍によるクーデターが起き、エジプトは再び自由のない社会に戻りました。「４月６日運動」は、裁判所により２０１４年に活動を禁止されました。

私が訪れた12年は、革命の熱気と揺り戻しの間の時期だったのです。広場は日常を取り戻していましたが、敷石がはがされ、焼き討ちの跡が残っていました。広場に面した博物館も閉じたままでした。市民の顔には厳しさが浮かんでいました。

政権を倒すことはできても、そのあとで真に民主的な政権を樹立するのは至難です。「アラブの春」は束の間で、そのあとに厳しい冬の時代が続いています。

革命が定着するためには、その後の政権を担う受け皿が必要です。ふだんから民主主義の素地を養っているかどうかがカギです。

「アラブの春」をめぐる一連の流れで、蜂起した若者たちは苦い思いをかみしめたことでしょう。でも、とりもなおさず、彼らは強権支配を覆すことには成功しました。彼らはまだ若い。この経験を糧に、次の機会には必ずや次の段階まで進むことでしょう。

6 望むものは自分で勝ち取るアジア

花束ではなく火柱を——韓国

朴槿恵《パク・クネ》大統領が失脚したあとの韓国で、革新系の文在寅《ムン・ジェイン》氏が大統領に就任しました。文氏は父親が靴下を行商し、母親は屋台で服を売るという、貧しい家庭で育った苦労人です。

文政権が発足した直後、検察幹部2人が辞意を表明しました。朴槿恵前大統領との結びつきが強かった人たちです。文大統領は新たな検察の目付け役に、検察を「ハイエナ」と呼んで鋭く批判していた大学教授を任命しました。いま韓国は急速に変化しています。

韓国の大統領選挙戦が最も激しかったのは1987年。軍政から民主化に向かおうとしていたときでした。せっかく軍政を脱することが決まったのに、民主勢力が分裂して軍人の盧泰愚《ノ・テウ》が勝ってしまったのです。国民は共闘を求めたのに政治家が意地を張った結果、政権を軍人に取られたのです。

盧泰愚が大統領に就任した88年2月、僕は韓国を取材しました。首都ソウルの次に訪ねたのは、独裁時代の80年に軍による市民の大量虐殺事件（光州事件）が起きた南部の光州市です。

死者と行方不明者は300人を超えます。

全南大学の学生会館の掲示板は、15枚の壁新聞で埋め尽くされていました。群がる学生が食い入るように読んでいます。模造紙に赤と黒の文字で書かれた1枚には、こう書かれていました。「盧泰愚の就任式を葬式に変えよう。歓迎の花束でなく呪いの火柱を、祝いの拍手でなく憎悪の石を投げつけよ」。凄まじいばかりの文句です。

午後3時に新政権を拒否する人びとが抵抗の声を上げるというので、広場に行きました。「忍」と書いた楯を手に防毒マスクをつけた「戦闘警察」が並んでいます。日本の機動隊にあたりますが、名前からしてものものしい。

広場に面したカトリックセンターのスピーカーから「盧泰愚執権を阻止し、民主政府を樹立しよう」と檄が飛びます。屋上からビラが飛んできます。「盧泰愚は民族の敵だ。勝利は民衆の側にある」と印刷してあります。

韓国のキリスト教会の進歩派は民衆神学と呼ばれる神学的立場に立って、貧しい人びとの側に立ち社会活動をしています。この神学を支持する牧師や神父の90%は刑務所入りした経験をもち、民主化運動の中心的な役割を担っていました。

ビラを読んでいると目がチカチカしてきました。催涙ガス弾です。戦闘警察が市民の群れに突入しました。逃げ遅れた数人が後ろ手につかまえられて連行されて行きます。

市内の別の場所では奇襲示威というゲリラ戦術が行われました。だれかが笛を吹くと、それを合図に通行人を装っていた人びとが集まってデモをするのです。

市の郊外にある墓地の一角は光州事件の犠牲者の敷地でした。「〇〇烈士の墓」と彫られた101基の墓碑が整然と並んでいます。寒風が吹きすさぶ中、学生たちが墓の前にひざまずき地面に額《ぬか》ずいて祈りました。

ソウルから来た学生に、新政権に望むことを聞きました。「盧泰愚に何かを望むことがおかしい。求めるものがあるなら、この手で勝ち取る」という返事です。日本ではありえないような激しい闘争心です。

祈ったあと、彼らは立ち上がって歌を歌いました。光州事件の犠牲者を追悼する「イムのための行進曲」です。「共に闘った同志の姿は、いまは見えない。旗のみが風に揺れる……」

2017年5月、就任したばかりの文大統領は光州市を訪れ、犠牲者の追悼式に参加しました。演説で「政府は光州民主化運動の延長線上に立つ」と述べました。

式典で歌われたのが禁じられていた「イムのための行進曲」です。時代は変わりました。つい1年前までは考えられなかったほどに。あきらめない闘いが社会を変えたのです。

闘う新聞の創刊——韓国

韓国が軍政から民主化した1988年2月、とりわけ一変したのが言論をめぐる状況でした。自由にものが言える時代になったのです。それまでは政府を批判すれば共謀罪のような法によって捕まっていました。

軍政下、非合法で発行していた反政府雑誌『マル』(「言葉」)の事務所を訪ねました。摘発を逃れるため転々としており、僕が探し出したときは首都ソウルの下町の裏通りの汚いビルの2階でした。

棚にはこれまで発行した雑誌が山積みです。反政府集会の報告や拷問された被害者の証言、風刺画などが粗末なざら紙にびっしり。広告はほとんどありません。印刷は危険負担のため高い料金を取られます。

発行ごとに編集責任者が逮捕されます。10人の記者が交代で責任者となり1週間を獄中で過ごすのです。そうまでして雑誌を発行するのはなぜか。

代表者で元韓国記者協会会長の金泰弘《キム・テホン》氏は「隠された事実を人びとに知らせるためです」と語ります。身を挺して真実を報道する記者魂がここにあります。

民主化の中で新聞が19紙も創刊されました。なかでもはっきりと民衆の側に立つことを宣言したのが88年5月創刊の『ハンギョレ新聞』です。「ハンギョレ」とは「一つの民族」の意味です。

創刊を知らせるパンフレットには「特定階級の私有物や権力の所属物になることを拒否する。圧力に屈せず、国民の意志を代弁する方針を決して放棄しない」と書かれています。

全国紙を創刊するという大変な事業を始めたのは、たった4人でした。いずれも軍政時代に言論の自由化を主張してクビになった大新聞の記者たちです。

会社を追い出されたうっぷん話をしているうちに、新しいメディアが必要だと一致しました。資金のアイデアを出したのは最も若い記者です。国民が株の形でお金を出し合うという奇抜な案です。

しかも彼は、当時としては未知数だったコンピュータによる印刷システムの導入を提案しました。新聞社をクビになり、稼ぐためにコンピュータ会社に入ったことから得た知識でした。

そんなわけのわからないものでやれるのか。みんな考え込みました。しかし、話を聞いて奮い立った人がいます。成裕普《ソン・ユボ》氏。ハンギョレ新聞の初代編集局長になった人です。

彼は言いました。「自信はもてないが、自信をもってやったことが、これまであっただろうか。問題はやるべきかどうかだ。挑戦すべきだ」

韓国では「ケンチャナヨ」という言葉をしばしば耳にします。「大丈夫だよ」という意味です。確信はなくてもやってみようという楽天性。それが時代を切り拓いたのです。

創刊のために50億ウォン（当時の日本円換算で8億6000万円）余りの資金を一般市民に募りました。応じた「国民株主」は約2万7000人です。ほとんどが貧しい人びとでした。その日の食費さえ欠く失業者、新聞配達の少年らがなけなしのお金を寄せました。

僕は創刊準備中の社屋を訪ね、社長の宋建鎬《ソン・ゴンホ》氏に会いました。彼は「民主言論の柱となる。私や記者たちが刑務所に連行されるのも覚悟の上だ」ときっぱり言いました。

政府からは嫌がらせの取材拒否をされましたが、内部告発する役人や記者の努力で特ダネを連発しました。発刊から10年もしないうちにハンギョレ新聞は堂々、韓国第4位の新聞に成長したのです。

韓国の人びとは、だれかに頼るのではなく自分たちが社会をつくろうとする意欲に満ちています。軍政を民主化しただけではありません。自分たちが主人公となる社会を築いたのは、どんなに弾圧されても誇りをもち、希望を捨てずに立ち向かう市民の抵抗の力でした。

元気の秘密——韓国

韓国は1988年の民主化以来、違憲訴訟が2万件以上も起こされました。その多くが、行政によって基本的人権が侵されたという訴えです。隣国では文字通り国民が憲法を使っています。

この年、韓国は軍事独裁政権から民主主義への転換を果たしました。そのさい、米国型の司法制度をヨーロッパ型に変え、憲法裁判所の制度を導入しました。小学生が違憲訴訟をするコスタリカと同じ制度です。

じつは司法に限らず、米国型の制度は米国でしか使われていないことが多いのです。たとえば米国では長さの単位としてヤードやマイル、重さでポンドを使っていますが、世界では例外的です。世界の常識はメートルでありグラムです。無理に米国に従うと世界の非常識となり、おかしな社会となってしまいます。

僕が韓国をはじめて取材したのは、この民主化の時期でした。書店には労働問題やマルクス主義など、発行禁止だった本が山積みされ、人びとが群がって買い求めていました。

解禁された雑誌は巻頭で、「民主主義は他人から与えられるのを待つのではなく、自ら闘い取らなければならない。われわれは今後、自由の苗木が大木に成長するための肥料となる」と宣言していました。

軍政下で言論の自由を主張して新聞社をクビになった記者たちが、民衆のための新聞「ハンギョレ新聞」を創刊したのもこのころです。

その20年後、2008年6月の夜、首都ソウルの市庁舎前の広場では政府への抗議集会が行われ、80万人の市民で埋まりました（これは主催者発表です。警察発表は8万人で桁が1つ違うところがおかしいですね）。

参加者は手に手にろうそくを掲げました。暗闇の中に何十万ものろうそくの炎が浮かび、そこから歌声が生まれた。歌は「憲法第一条」です。

韓国憲法の第1章第1条は「大韓民国は民主共和国である。大韓民国の主権は国民にあり、すべての権力は国民に由来する」です。この条文に軽快なメロディーをつけて歌ったのです。

抗議集会のきっかけは、就任したばかりの李明博《イ・ミョンバク》大統領が米国べったりの政策を進めたことです。牛海面状《うしかいめんじょう》脳症（いわゆる「狂牛病」）で問題となった米国産牛肉を何の検査もせずに輸入すると発表しました。これに対して国民は、米国企業を儲けさせるために韓国人の命を犠牲にするのか、と怒ったのです。

集まった人びとの中心は若者でした。「ネクタイ部隊」と呼ばれたのは仕事帰りの若いサラリーマンです。赤ん坊をベビーカーに乗せて参加した若い母親は「乳母車部隊」と呼ばれました。学校帰りで制服姿の中学生や高校生もいました。これから自分たちが暮らす社会をつくるのは若者だという気概をもったからです。一方で、若者に負けじと、軍政時代に民主化の先頭に立った中高年も加わりました。

彼らはロウソクを手にデモや座り込みをし、スローガンを叫びながらさまざまな歌を歌いました。最初と最後に必ず歌ったのが「憲法第一条」です。

僕は「ハンギョレ新聞」創立の発起人となった大学教授に「韓国の人は元気ですね。いまの日本は元気がありません。何が違うのでしょうか」と聞きました。教授はこう答えました。「あたりまえですよ。私たち韓国人は、市民が血を流す闘争を重ねて軍政を打倒し、自らの力で民主主義を勝ち取りました。日本の歴史上、市民が自分たちの政権を自らの手で勝ち取ったことが一度でもありましたか」

その通りです。元気になるには、まず自分たちの力で立ち上がることが必要です。

歌とスマートフォンと民衆総決起——韓国

日本では安倍首相の強引な政治運営が止まりません。一方で、お隣の韓国では同じように独裁的だった朴槿恵《パク・クネ》大統領が罷免《ひめん》され、投獄されたうえ裁判にかけられています。

そのきっかけは2016年秋の大規模な市民運動でした。民衆総決起と呼ばれます。傲慢な朴政権に対して市民が立ち上がったのです。

首都ソウルの市庁舎前の広場を毎週土曜の夜、ロウソクを掲げた市民が埋めました。初回の10月29日に3万人、翌週は30万人、第3回と4回は100万人、次が150万人、そして12月の第6回は170万人、韓国全土では232万人へと膨《ふく》らみました。

その直後、国会は大統領の弾劾訴追案を可決しました。これを受けて審議した憲法裁判所は、2017年3月に朴大統領の罷免を決定したのです。

彼女はそれまで「選挙の女王」と呼ばれていました。支持率が高かったのです。それがたった一度の市民の行動で転落してしまいました。なぜそうなったのでしょうか。

朴槿恵の父はクーデターで政権を握り、軍事独裁を続けて暗殺された朴正熙《パク・チョンヒ》元大統領です。親の高い知名度に助けられて彼女は大統領に当選しました。

その手法は密室政治で、謎に包まれていました。メディアの報道でわかったのは、朴氏が親しい秘書官の女性に国家機密を流し、その指示を受けていたことでした。国政が怪しげな一人の女性に左右されていたのです。秘書官は大統領の権力を利用して私腹を肥やしました。一国の政治が私人の言うなりになり、税金が不正に使われていたのです。いまの日本と似ています。

それにしても200万人以上の市民が行動に立ち上がったのがすごい。運動を組織した側の大学教授にその理由を聞くと、思いがけない言葉が返ってきました。

「私たちが奮起したのは、前の年に日本人が国会を包囲したニュースを聞いたからです」というのです。

2015年夏に霞が関の国会議事堂前に集まった約12万人。そこに参加した人は誇っていい。あなたの行動が韓国の民衆総決起に集った人びとの背中を押したのです。

でも日本と韓国では集まった人数の桁が違います。なぜこれほどの差が出たのでしょうか。取材すると理由が2つ見つかりました。

ひとつは歌です。演説の合間を歌が盛り上げました。とりわけ流行《はや》ったのは、音楽の作詞作曲を行うユン・ミンソクが民謡のメロディーに歌詞をつけた「下野《げや》ソング」です。

「これが国か、犯罪者の天国、庶民は地獄、もう我慢できない。朴槿恵はいますぐ下野しろ、朴槿恵を投獄せよ」という凄まじい歌詞です。

さらに民衆から沸き起こったのがミュージカル『レ・ミゼラブル』で革命の歌として歌われる「民衆の歌」でした。

歌は人の心を高揚させるだけではなく、連帯感をもたらします。日本の運動にもかつては歌がありました。みんなが一斉に奮い立つためには歌が必要です。

もうひとつはスマートフォン（スマホ）です。参加した人びとは自分自身を入れた群衆の写真を撮って配信したのです。それがネットで拡散しました。画面を見た人が自分も参加しようと考え、雪だるま式に参加者を増やす役割を果たしたのです。

韓国では日本より2～3年早くスマホが一般化し、若者だけでなく年配者も使っています。日本の年配者は最初からスマホを敬遠していますが、それがよくない。いますぐ契約しましょう。使い方は若者に教わればいい。世代間の交流ができます。

韓国では既成メディアが日本以上に権力と結びついています。だから民衆はメディアに頼らず、自分たちで発信しました。その結果、これだけ大勢が集まり、メディアも報道せざるをえなくなりました。民衆がメディアを動かしたのです。

モグラになってでも抵抗する――ベトナム

世界の超大国であるアメリカに、アジアの小国ベトナムがなぜ勝てたのか。それが長い間の疑問でした。現地に行くと理由が見えてきました。

ベトナムが南北に分かれていた時代。国境は北緯17度線のベンハイ川でした。幅150メートルほどの川のすぐ北側、つまり北ベトナムの南端だった場所にあるのがビンリン地区です。北ベトナムを爆撃した米軍機は、南の基地に帰る途中で17度線を渡る直前に、残った爆弾を落としました。着陸したときの衝撃で爆発しないためです。

このためビンリン地区は戦時中、最も多くの爆弾が落とされました。僕は戦争が終わってから17年経って訪れたのですが、それでも水田は爆弾による穴だらけでした。

そんな危険な場所なのに、村人たちは疎開せず留まったのです。南ベトナムで活動するゲリラたちに食糧や武器を運ぶためです。夜、小さな舟を出して川を渡り、物資を運んだのです。でも爆撃の下で、どうやって暮らすことができたのでしょうか？

村人は地下にトンネルを掘りました。地面から下に15〜28メートルもの深さに、長さ2キロも。機械を使わずに、鍬《くわ》とスコップだけで1年半で完成させたのです。

昼間は爆撃のために穴の外に出ることができません。地表に出ることができるのは夜だけです。まるでモグラのような生活ですが、それでもベトナムの人びとは使命を果たすために生き抜きました。

ビンモック村に行けばトンネルの実物があり、中に入ることもできます。電池が切れかけた懐中電灯を借りて、僕もトンネルに入ってみました。

崖にある入り口は高さ1・7メートル、幅1メートルほどで、急な下り階段が続きます。しだいに穴の幅は細くなり肩が当たります。天井も頭がつかえるほどになりました。支柱などありません。トンネルが崩れるのではないかと、不安になります。それよりも地中に閉じ込められた圧迫感で、閉所恐怖症の人なら耐えられないでしょう。

かなり下ると横道のような部屋がありました。間口1・5メートル、奥行き2メートル。畳2枚分もないこの部屋に3、4人が暮らしていたのです。灯りは壁のくぼみに置いたわずかなロウソクだけ。寝るときも互いに身体をくっつけなくてはなりません。

こんな部屋が64もあります。60人を収容できる集会所もありました。まるでアリの巣です。この地中で4年にわたって約600人が生活し、17人の赤ちゃんが生まれたといいます。

よくこんな地下住居をつくったものだという驚きもさることながら、よくこんな劣悪な環境で4年も耐えたものだとあきれます。こんな所で暮らすより死んだほうがましじゃないかと思えるほどです。

トンネルといえば南ベトナムの「鉄の三角地帯」にあったクチのトンネルが有名です。現在は観光地になっているので中に入ったことのある人もいるでしょう。

こちらはベトナム解放軍の兵士が潜《もぐ》って戦っただけに、腹ばいになるしかない狭さのところもあります。それが総延長250キロにわたり、網の目のように張りめぐらされたのです。

地中から突然、飛び出して挑みかかる解放軍の兵士は、米軍にとってはまるで忍者のように思えました。敵がどこにいるかわからない恐怖のため、米兵は精神的におかしくなったのです。

中部のダナンの民家には仏壇の裏の壁に、痩せた人間一人がやっと通れるほどの狭くて四角い秘密の穴がありました。解放軍の兵士が隠れるためです。

ベトナムの人びとは、こうまでして戦いました。だからこそ兵器でははるかに優る超大国の軍隊を負かすことができたのです。

毅然たる小国——ベトナム

鎌倉時代の元寇《げんこう》のさい、台風で元の船が沈没したことから「神風が吹いた」と言われました。ここから「日本は神の国だ」という思想が生まれ、特攻隊につながった歴史があります。でも元の船に「神風」が吹いたのは日本だけではありません。ベトナムでも吹いたのです。そしてベトナム人は神頼みなどせず、自力で元軍を破ったのでした。

元が最初にベトナムを攻めたのは１２５８年で、日本を攻めた「文永《ぶんえい》の役《えき》」の16年前です。モンゴルの兵士ははじめて体験する暑さに驚いて退却しました。寒い国の軍隊は熱帯の猛暑に耐えられなかったのです。

暑さ対策をして元が2度目にベトナムを攻めたのは１２８３年、「弘安《こうあん》の役《えき》」の2年後です。このときは暴風が吹いて元軍の船が沈没しました。台風ではなく熱帯性のモンスーンです。

元は日本には2度攻め込んできましたが、ベトナムには3度攻め込もうとしました。こんどは季節風が吹かない時期を選んで襲ってきたのです。１２８８年のことでした。

元軍は三度目の正直を狙い、万全を期してかつてない大軍を送りました。ベトナムの王様は、もうだめだとあきらめて降伏しようと言いました。しかし、チャン・フンダオ（陳興道）という将軍が偉かった。「降伏するなら、まず私の首をはねろ」と王様を叱りつけ、少ない軍隊で大軍に勝つ計略を巡らせたのです。

元の兵船400隻がバクダン江という川をさかのぼってきました。ところが干潮になって川の水が引くと、兵船は動けなくなりました。将軍は部下に命じて、あらかじめ川の底に500本の杭を打たせておいたのです。船底が杭に引っかかって船は傾いたままになりました。

そこに無数の小舟でこぎ寄せたベトナム軍は火矢を放って船を燃やしました。逃げる元軍の兵士に弓矢を浴びせました。こうして元軍を全滅させたのです。

じつはこの計略は、これがはじめてではありません。その約300年前に起きたことを再現したのです。

ベトナムは紀元前に漢の武帝に侵略され、以後1000年にわたって中国に支配されていました。独立戦争を開始したのが939年です。このとき中国軍は何百隻もの船に大軍を乗せて攻めました。

ベトナムの英雄ゴー・クェン（呉権）は川の底に杭を打って待ちました。干潮で中国軍の船が杭に乗り上げたところを攻撃して大勝しました。中国軍はこれで完全に手を引き、ベトナムは独立を勝ち取ったのです。

首都ハノイの歴史博物館に、元寇を防いだ杭の実物が展示してあります。高さ1・5メートルから3メートルの木が5本。先がとがって黒ずんでいます。川の泥を掘って取り出したもので、まぎれもなく700年以上前のものです。

ライトを浴びて輝く杭を目の当たりすると、古代から連綿と続くベトナムの人びとの自立への闘志を感じます。強大な敵を前にしてもあきらめず、勝利のために知力を尽くそうとする人びとに心打たれる思いです。

このように大国に対して屈することなく、たとえ支配されても独立のために戦ってきたのがベトナムの歴史でした。小さな国なのに大国に毅然と立ち向かう姿は、いまの日本と正反対です。

この国はインドシナ半島と呼ばれるように、文字通りインドと中国との間にあります。要衝のため、中国のあとフランス、さらにアメリカと、世界の列強が支配をねらって押し寄せました。それをことごとく打ち破って独自の国づくりをしてきたのです。

人民の軍隊――ベトナム

「ベトナムのナポレオン」と呼ばれた人がいます。ヴォー・グエン・ザップ（武元甲）将軍。ベトナム人民軍の最高司令官でした。ホー・チミン（胡志明）首席の絶大な信頼を得た戦略家で、救国の英雄と呼ばれます。

正規の軍人の出身ではなく、元は高校の歴史の先生です。手りゅう弾の作り方は百科事典を読んで知りました。第二次大戦中に34人で結成されたベトナム解放軍武装宣伝隊の隊長となり、そこから発展したベトナム人民軍の指揮を執りました。

当時、毛沢東政権の中国から派遣された軍事顧問の将軍が作戦に口をはさむと、「ここはベトナムだ。戦うのはわれわれだ。あなたがわれわれに命令する権限はない。ここを出ていけ」と怒鳴ったといいます。味方であっても外からの圧力には屈しない自立の姿勢を示しました。

最も名高い活躍がフランス軍を完敗させたディエンビエンフーの戦いです。これでフランスはベトナムの植民地支配から手を引くことになりました。1954年のことです。

西北山岳地帯の少数民族が住む丘陵地に、フランス軍は強固な野戦陣地を築きました。2つの飛行場を備え、1万6000人もの守備隊を擁する「難攻不落の要塞」だとフランス軍は誇りました。

ベトナム軍は周囲の山岳部から迫りました。フランス軍から奪い取った砲身5メートルもある大砲にロープをかけ、人間の力で急斜面を引き揚げます。ロープが切れて滑り落ちそうになったとき、1人の兵士が大砲の下に身を投げ、自らを犠牲にして落ちるのを食い止めました。

ジャングルに小道を切り拓いて武器や食糧を輸送しました。使ったのは自転車です。1台に60キロの米袋を5つ、他に水など計370キロを積みました。ハンドルに長い竹をつけて、ろくに食べ物もない痩せこけた兵士たちが何人も、何百キロもの山道を押して運んだのです。その実物がハノイの軍事歴史博物館に展示してあります。

ディエンビエンフーにはいま、飛行機で行くことができます。ハノイからプロペラ機で1時間。丘の上には戦勝記念碑がそびえ、大通りに面して戦勝記念館が建っています。

小川にかかる橋のほとりには破壊された機関銃の台座が残ります。その先には地下に掘ったフランス軍の司令部が当時のまま保存されています。塹壕の上に土嚢を積み重ねたかまぼこ型の覆いの下に会議室がありました。

入り口の売店で当時の資料が売られていました。写真集をめくると、戦闘が終わった直後の戦場の写真が載っています。写真説明として当時のザップ将軍の言葉が掲げてありました。「陣地から見渡したとき突然、いま直ちにすべき重大な任務に気づいた。戦争で荒れたこの土地を元通りの農地にしなければならない。農民が秋の収穫をできるように」

軍人、それも司令官なら、歴史的な大勝利を得て祝杯でも挙げたい気分でしょう。しかし彼は、勝利を喜ぶよりも農民の生活に思いを巡らせたのです。

それは、この戦争がだれのために何を求めた戦いなのかをしっかりと理解していたからです。ザップ将軍とはそんな軍人だったし、ベトナム戦争はそのような戦争でした。ザップ将軍はベトナム軍を「人民の軍隊」と呼びました。文字通りベトナムの人びとのために戦ったのです。

ひるがえって戦時中の日本軍はどうだったでしょうか。本土から沖縄にやってきた日本兵は防空壕に入っていた地元民を空爆の下に追い出し、自分たちが壕に入ったといいます。国民の命を第一に考える軍隊ではなかった。ここがベトナムとの違いです。

闘うクジャク――ミャンマー

黄金に輝く高さ99メートルの巨大なパゴダ（仏塔）がそびえます。ミャンマーのかつての首都ヤンゴン。人びとは裸足《はだし》で、塔の周りを円を描くように、1周400メートルもある石畳の上を祈りながら回ります。

このパゴダの前で1988年、50万の市民を前に「民主政治を実現しよう」と訴えた女性がいました。アウンサンスーチーさんです。

軍事独裁政権が続いたこの国で、学生運動を契機に、民主化を求めるゼネストが起きました。英国人と結婚して英国にいたスーチーさんは、たまたま母親の看病のため帰国中でした。父親が独立の英雄だったので人びとの前で演説することになったのです。

一躍、彼女は民主化の象徴となり、新たに生まれた国民民主連盟の書記長に就任しました。政治の素人が突然、民主化運動の指導者になったのです。それが彼女の苦難の始まりでした。

軍は運動を弾圧し、スーチーさんを自宅に軟禁しました。2年後の選挙で国民民主連盟は圧勝します。でも、軍はそれを認めず彼女を軟禁し続けました。

自由を奪われても脅されてもスーチーさんは屈せず、軍政の非道を訴え続けました。端正な容姿と果敢な発言から「闘うクジャク」と呼ばれ、1991年にはノーベル平和賞が贈られました。

夫が危篤になったときは英国に帰ろうとしましたが、国を出れば帰国は許されません。苦しい選択でしたが個人の思いよりも国民とこの国の未来のため、ミャンマーに残ることを選びました。このため夫の死に目にも会えませんでした。

苦難を乗り越えた人は自信をもっています。「充実した人生を生きるには、他者の願いをかなえるために責任を負う勇気をもたねばなりません」と語ります。

軟禁を解かれて2012年に訪日したさいには、「私は日本政府よりも日本国民を重視しています」とはっきり語りました。軍事政権を援助してきた日本政府に対し「援助は国家ではなく国民に向かうべきです」と明確に主張したのです。

ミャンマーについて「私は若者が未来への希望を失うことを憂えています。希望を失えば力強い社会はつくれません」と話しました。いまの日本社会にそのまま通用する言葉ではありませんか。

2015年の選挙で国民民主連盟はまたも圧勝しました。こんどは軍政も認めざるを得ず、翌16年に民主政権が発足したのです。軍政がつくった憲法の規定でスーチーさんは大統領になれませんが、国を指導する国家顧問に就任しました。

しかし、軍は依然として力をもち、いざとなればクーデターを決行する構えです。軍政下で制度化された社会で民主化はなかなか進まず、もどかしい状況が続いています。

さらにロヒンギャ難民の問題で、スーチーさんは矢面に立たされました。軍が難民を弾圧した責任を、国家顧問である彼女が取る立場に追い込まれたのです。理不尽な話です。

ミャンマーの実情に目を向けず、彼女だけを非難する国際世論はおかしいと僕は思います。スーチーさんを追い込むなら、軍の思うつぼです。

少数民族が対立する年来の問題も、もとはといえばミャンマーを植民地支配した英国の責任です。民族対立をあおり分断統治したことが背景にあります。

スーチーさん自身、すべて自分が解決しなければならないと気負いがちですが、一国の重荷を70歳を過ぎた痩身の女性が一身に引き受けるのは無理な話です。

およそ15年にわたる軟禁に耐え、いまも過酷な試練に立ち向かう勇気を奮う、傷ついたクジャクを孤立させてはなりません。あたたかい目が必要だと思います。

クリエイティブな発想で基地撤去――フィリピン

「米軍基地がなくなったら地元の経済が成り立たない。基地労働者も生活できなくなる」そう考える人に知ってほしいことがあります。フィリピンは日本人が思いつかないような発想で、基地労働者も一体となって米軍基地を追い出しました。

かつて独裁者が支配していたこの国で1986年、市民による革命が起きました。ピープル・パワー（民衆の力）と呼ばれます。独裁者は米国に逃げ、民主主義政権が発足しました。翌年に制定された新憲法では「国家政策としての戦争放棄」をうたうとともに、条件つきですが「領土内に外国の軍事基地、軍隊あるいは施設は認められない」と明記されました。

この時点で、フィリピンにはアジア最大の米軍基地がありました。スービック海軍基地とクラーク空軍基地です。第二次大戦後に米国から独立したさい、米国が押しつけた基地協定により、1991年まで米軍が使えることになっていました。

まさにその年に起きたのが、基地に近いピナトゥボ火山の噴火です。麓《ふもと》の人びとは基地を通って逃げようとしましたが、基地は門を閉ざしました。これが問題になったのです。

政府はそれまで「米軍基地はフィリピン人を守るためにある」と説明していました。しかし、そうではないことが明らかになったのです。米軍基地はもういらない、という声が全国から沸《わ》き起こりました。

クラーク空軍基地は火山灰に埋もれたため、米軍は手放すことに同意しました。しかし、スービック海軍基地は今後も使いたいと通告してきました。

世論の高まりを受けて、議会の上院では、米国との基地協定を継続しないと決めました。このため、翌年の1992年に米軍基地は完全に撤退せざるをえなくなったのです。国民の力で米軍を追い出したのです。

このとき一つだけ問題がありました。基地労働者の生活です。基地では4万2000人のフィリピン人が働いていました。1家族は7人ほどですから、約30万人が基地で暮らしていたことになります。基地がなくなれば生きていけない。当然、彼らは反対しました。

そのとき、市民から声が上がりました。基地労働者は米軍のいいなりに、しかも危険な作業を強いられています。彼らをそんな状況に置いていてよいのか、という声です。「基地跡を再開発して、現在の基地労働者はもちろん、さらに多くの労働者が働けるようにすればいいじゃないか」という考えが賛同者を増やしていきました。

基地の隣のオロンガポ市のゴードン市長が音頭をとって、基地跡を再開発する案を市民から募りました。採用されたのはＮＧＯ「プレダ基金」の案です。基地跡を産業地区、レジャー施設などに分割するという内容で、これに沿って再開発が進みました。

最初のうちは思うように進みませんでしたが、しだいに成果が現れてきました。

僕は基地返還から5年経った97年に訪れたのですが、米国や日本、韓国からの企業誘致も成功し、基地跡で6万7０００人が働いていました。基地だったときの1・5倍を超す数です。

さらに２０１2年に再訪すると、その数は10万人近くになっていました。ほぼ2・5倍です。日本の企業団地もありました。弾薬庫跡はフレンチ・レストランになっていました。

とはいえ懸念は残ります。米国は南シナ海の領有権をめぐるフィリピンと中国の対立を利用し、米軍がフィリピンを「訪問」するという協定を結びました。さらに駐留に向けて画策しています。フィリピンの人びとはいまも闘っています。

日本で基地返還について話すと、「どうせ無理」とあきらめる人がいます。フィリピンの人びとは積極的な姿勢でよりよい社会を実現しました。日本人に必要なのは、フィリピンの人たちに学んで、楽観的かつクリエイティブな発想で取り組むことです。

原発から自然エネルギーへ――フィリピン

フィリピンは米軍基地を追い出しただけではありません。多額の借金をして建設した原発を、一度も使うことなく廃炉にしました。

原発がつくられたのはマルコス独裁時代の1985年です。その翌年2月にピープル・パワーによる革命が起き、女性のアキノ大統領が誕生しました。

その2か月後の4月に発生したのが、旧ソ連チェルノブイリの原発事故です。その4日後、アキノ大統領は、完成したばかりの原子炉を廃炉にすると宣言しました。

それができたのは、市民の、市民による、市民のための政府だからです。一部の企業や政治家が儲けるためでなく、市民の安全を最優先して考えた結果の決断でした。

チェルノブイリ事故では、日本も欧米も反応しませんでした。技術のない旧ソ連だから起きた事故で、日本や米国は大丈夫だと高をくくったのです。ところが米国（スリーマイル島原発）、さらに日本（福島原発）でも事故が起きました。教訓を学んですぐに手を打ったのはフィリピンだけだったのです。

廃炉宣言の翌87年に成立した新憲法には非核条項を盛り込みました。基本理念の中に「領土内に核兵器のない政策を採用し追求する」という条文を掲げました。

廃炉になった原発を僕が訪れたのは2012年です。首都マニラから車で西に4時間行くとバターン半島です。戦時中に日本軍が捕虜を虐待した「バターン死の行進」の現場です。ここに「バターン原子力発電所」が巨大な灰色の外見をさらしていました。一般に公開されており、300円ほどの入場料を払って中に入りました。

入ってすぐのホールのような部屋の床には水が溜まっていました。天井から雨漏りしていました。奥に進むと厚さ1メートルのコンクリートの壁の向こうに原子炉がありました。

入り口には鉄の扉がありますが、下の強化ゴムがはずれています。地震のせいだというのです。福島の原発も、津波だけでなく地震で壊れたものがかなりあるのではないでしょうか。

原子炉の脇の階段を上ると、燃料棒を入れていたプールがありました。プールから燃料棒を抜いて原子炉に入れるクレーンの模擬操作を見せてくれました。

では、原発をなくしたあと、エネルギーとして何を使っているのでしょうか。彼らが重視しているのは自然エネルギーでした。

マニラから南に行った山の中に、マクバン地熱発電所がありました。門からまず見える気水冷却塔には、日本の三菱のマークがついています。制御室に入ると、ガラス窓の向こうに巨大な発電機がありました。これも三菱製。この発電所の主要部分はすべて三菱製なのです。

発電所の主任技師は「わが国は危険な原発をやめ、安全でクリーンな自然エネルギーを追求しています。なかでも地熱発電に力を入れ、いまやフィリピンは米国に次いで、世界第2位の地熱発電大国です」と胸を張りました。

使われているのは日本の技術です。フィリピンは、自分の国に資源や技術がなければ、他国から取り入れるというあたりまえのことをしています。

その逆が日本です。じつは日本の地熱発電の技術は米国をはるかに上回り、世界一なのです。しかも日本は世界でも3本の指に入るほど地熱発電がやりやすい地でもあります。

いま日本で地熱発電を開発すれば、原発20基分の電力をまかなえます。そう発表したのは経済産業省の下にある産業技術研究所。つまり日本政府なのです。

日本には自然エネルギーの資源も技術もあるのです。使おうではありませんか。

飢餓の島の夜明け――フィリピン

フィリピンの中部にあるネグロス島は、かつて「砂糖の島」と呼ばれました。全島で砂糖キビが栽培されたからです。

ところが1985年、地主が砂糖の生産をやめたため、労働者は仕事を失いました。食べ物を買えず餓死者が続出し「飢餓の島」と呼ばれました。

フィリピンに友だちがいる2人の日本人が支援に乗り出しました。東京の高校教師の秋山眞兄《なおえ》さんと劇団員の堀田正彦さんです。彼らが中心となって「日本ネグロス・キャンペーン委員会」というNGOを立ち上げました。フィリピンから歌手を招いて全国公演で支援を訴えると3000万円が集まりました。

寄金を手に現地を訪れた2人が実感したのは、農民が土地をもたない限りまた同じ事態に陥るに違いないということです。そこで集めた資金で土地を買い、人びとに提供しました。

ところが砂糖労働者は耕作をしたことがありません。そこで広大な農地を購入して研修農場を設立し、日本から農民を派遣して農業技術を教えました。

するとフィリピンの人たちから感謝とともに意外な言葉が返ってきました。「一方的に援助されるのでなく平等な関係を築きたい。私たちもあなた方のために役立ちたい」というのです。日本のNGOの人たちは驚きました。自分たちが援助されるなど思ってもみなかったからです。でも相手の意を汲んで、無農薬バナナの生産を提案しました。現地には現金が入るし、日本の子どもたちに安心してバナナを食べさせられます。

最初はうまくいきませんでした。コンテナが日本に届くとバナナが真っ黒に熟しすぎていたり、せっかく実っても台風で全滅したこともありました。何年かしてようやく軌道に乗りました。こうして草の根の貿易が進んだのです。

僕が訪れた1996年、島には「ネグロス・オルター・トレード」という専門の会社がつくられていました。事務職は女性ばかりで60人、畑で働く人びとは数百人に上ります。市民の交流によって安心して働ける大規模な職場が誕生したのです。

事業の規模が大きくなると日本側にも「オルター・トレード・ジャパン」（ATJ）という貿易専門の会社が創立されました。劇団員の堀田さんが勤めていた会社を辞めてこちらの社長になりました。当初は収入が半減しましたが、本人は自立を喜びました。

研修農場も順調に発展しました。5か年計画を3年で達成したというので僕は再び現地を訪れました。農場の代表者はとても小柄なタカタさんという女性でした。残留日本兵の縁者です。

5か年計画の目標は何だったのかと聞くと、①1年にシャツを3枚買う、②1日に3食食べる、③子どもを高校に通わせる、の3つだったといいます。以前は1日に1食だけだったのです。たった3年で目標を達成した喜びが顔にあふれていました。

そのタカタさんが突然、泣き出しました。どうしたのでしょうか?

泣きやんだ彼女は「今日まで自分が人間だと思ったことはありませんでした。いま、はじめて自分が人間なのだと実感して、うれしくて」と言うのです。どういう意味でしょうか?

タカタさんは家が貧しくて小学校にも行けず、小さいころから親の手伝いで畑仕事をしました。自動車で通学する地主の娘を見て「あの子は人間だけど、私は人間じゃない」と思ったそうです。しかしいま、自力で農場の経営に成功しました。日本からお祝いの人たちや取材記者まで来てくれたことで、はじめて自分が人間だと気づいたというのです。

タカタさんの涙に僕は感動しました。彼女に人間だと気づかせたのは、たった2人でプロジェクトを立ち上げて多くの人を巻き込んだ日本人の力です。そして、支援されるだけでなく自立をめざして立ち上がったフィリピンの人びとのパワーです。

和解は人と人のつながりから――中国

中国東北地方の旅順《りょじゅん》。日露戦争激戦の舞台が二〇三高地《にひゃくさんこうち》です。山頂の要塞に立てこもるロシア軍に対し、乃木大将は無茶な突撃を命じ、1万5000人もの日本兵が戦死しました。山頂に砲弾の形をした記念碑がありました。表面に「爾霊山《にれいさん》」の3文字。「二〇三」をもじり、霊が宿る山という意味です。戦闘で使われた砲弾の破片を溶かしてつくったのです。日本軍が建てたものを、中国はそのまま保存しています。

現地に来てはじめてわかったことがあります。高地の名は203メートルという標高から名づけられたものでした。そして激戦が行われたのはこの高地ではなく、川向こうにある東鶏冠山《とうけいかんざん》でした。

東鶏冠山に登ると、厚さ1メートルのコンクリートの要塞跡が残っていました。現地の案内人によると、ロシア軍は中国人2000人を集めてこの陣地を築き、できあがったあとは秘密を保つため全員を殺したというのです。

ひどい話だと思っていたら、案内人はさらにこう言いました。「日本軍は旅順を占領したあと、一帯の中国人農民2万人を虐殺しました」

中国人はロシア軍と日本軍の両方から理不尽に殺されたのです。

僕が訪れた2012年は、靖国問題や尖閣諸島の領土問題で、日中関係が最悪でした。日本の観光客が撮った写真にたまたま軍の施設が写っていたため、日本人が逮捕された直後でもありました。

「中国人は日本人が嫌いなのでしょうか」と質問すると、中国人のカメラマンがこう答えました。「そんなに心配しないでください。2008年を期して、中国人の日本人への感情は大きく変わりました」

2008年に何があったのでしょうか？

この年、中国の四川で大地震が起きました。そのさいに日本から救助隊が派遣されました。日本政府は最初、自衛隊を救助に送ろうとしたのですが、自衛隊は軍隊だからと中国政府は断りました。替《か》わって派遣されたのが東京消防庁のレスキュー隊です。

派遣された若者たちは懸命に救助活動をしました。その映像が中国のテレビで全国中継され、映像を見た中国人は目を見張りました。中国人カメラマンは、こう言いました。

「中国の救助隊が遺体を放り投げていたとき、日本の救助隊は遺体を見つけるとヘルメットを脱いで合掌していました。いまの日本人は中国人よりも中国人を人間として見てくれている、いまの日本人はかつての日本兵とは違う、と私たちは感じたのです」

そして、こう続けました。

「中国政府は日本がひどいことをしていると言って、国民の反日感情をあおっています。しかし、自分の国をうまく統治できない政治家ほど国民の目をよそに向けようとするものです。日本政府だって同じでしょう。私たちは政府が言うことよりも、自分の目で見たものを信じます」

その通りだと思います。政治家は、自分たちの都合で国民を操りたがるものです。政治に左右されるのでなく、一人ひとりが自分で考えて判断することが必要です。民間レベルの交流こそが真の友好をもたらすのだと思います。

日本では嫌中や嫌感の本が出回り、ヘイトスピーチが横行し、観光で訪れる外国人のマナー違反が面白おかしく取り上げられるなど、友好に逆行する動きがあります。こんな時代だからこそ、僕たち一人ひとりの態度が問わています。

僕が旅順を訪れてから6年後の2018年、日本の新聞に「中国で日本の好感度が上昇している」という記事が載りました。

来日して日本の文化や社会に直に触れた中国人が、日本に対して良い印象をもつように変わったというのです。観光でも爆買いでも留学でもなんでもけっこう。まずは自分で交流する

ところから空気は変わっていきます。

ある中国の若者は、歴史問題で日本政府があまりにひどいと感じ、「日本がどれほどひどい国なのか、自分の目で見てやろう」と日本を訪れたところ、日本人のやさしさに接して日本人に対する見方を変え、日本への留学を決めたそうです。世間の風潮に乗せられて扉を閉ざすのではなく、自ら相手に飛びこむ勇気と行動力がこの留学生にはありました。

日本に長く住んでいる中国人の経済ジャーナリスト莫邦富《モー・バンフ》さんは、日本人に温かい心を寄せ、日本人の身にもなってホンネで日本の将来を心配しながら、日中関係について果敢に発信しています。

戦争が終わって70年以上経ちましたが、日本と中国との和解はなかなか進みません。まず必要なのは一人ひとりが「国民」としてつきあうのではなく、「人間」としてつきあうことではないでしょうか。

7

「ないものねだり」をやめて「あるもの探し」

日本

沖縄戦の歴史に学ぶ

アフリカ沖の島にある「憲法9条の記念碑」を紹介しましたが（126ページ参照）、日本にも9条の記念碑があります。僕がこれまでに確認したのは21基。うち6基が沖縄にあります。最初に見たのは読谷村《よみたんそん》の役場の前でした。高さ3メートルの四角いコンクリートの柱の中ほどに銀色の金属板がはめ込まれ、9条の文面が刻んでありました。

沖縄戦から半世紀経った1995年、「二度と戦争を起こさない、起こさせない」決意を表明し、日本国憲法の平和主義を訴えて、村は「不戦宣言」をしました。そのうえで、町長と議会の総意で9条の記念碑を建てたのです。趣意書にはこう書かれていました。

「すべての生命があたりまえにその一生を終えることができる社会、平和なうちに生命を次へとつなぐことのできる社会こそ私たちの願い。その社会の実現を信じよう。われわれ自身の力を信じよう。世界中が9条の精神で満ちることを信じよう」

立ち上がって拍手したくなるような、崇高な言葉ではありませんか。

沖縄南部の南風原町《はえばるちょう》の丘に防空壕が並んでいます。沖縄戦のさいに陸軍の野戦病院となったこの壕で働いたのが「ひめゆり学徒隊」です。

学徒隊240人のうち136人が、生きて帰れませんでした。生き残った一人が島袋淑子《しまぶくろよしこ》さんです。僕が訪れたときは「ひめゆり平和祈念資料館」の館長をされていました。「戦争がどんなものかも知らず、1週間で帰れると思っていた」と語ります。

そこで島袋さんが見たのは、この世の地獄でした。負傷兵の手足を切断するのに麻酔もありません。兵士を押さえつけるのが女子学生の役目でした。やがて食事もなくなり、1日にピンポン玉大のおにぎり1個だけになりました。

敵が迫ってきて壕を撤退するとき、重傷の兵士は置き去りにするしかありません。軍の命令で青酸カリを与えました。生きのびた兵士の証言があります。「殺される」と思って逃げ出すと、後ろから仲間の兵士に撃たれたといいます。帝国陸軍は仲間を殺せと命じるような軍隊だったのです。

当時の証言者が怒りを込めて語るのは日本軍の行動です。兵士は住民を防空壕から追い出して、自分たちが中に入りました。「沖縄を守るために戦っている」と言いながら、住民を空襲にさらしたのです。軍は天皇制と軍事政権を維持するために沖縄という領土を守ろうとしたのであり、沖縄の人びとを守るという考えは最初からなかったのです。

壕の前の広場にも憲法9条の記念碑が建っています。日本語と中国語、ハングル、英語で9条の条文が刻まれ、さらに「日本国憲法第9条は人類の進むべき道しるべ」と彫ってあります。

いま安倍政権は自衛隊を国軍にしようとしています。「国民を守るために軍隊は必要だ」と考える若者もいます。いまこそ歴史から学ばなくてはなりません。日本の軍隊が真に国民を守る軍隊だったことが一度でもあったでしょうか。

「鉄血勤皇隊」に動員された大田昌秀・元沖縄県知事は、戦車に追い詰められて海に飛び込み、気を失いました。気がつくと岩の上に横たわっていました。

「目の前の岩から草が生えていた。草は生きていると思うと感動した。草のしずくを指につけ、岩に何度も『生』と書いた。生きるぞと思った」

だれもが生をまっとうできる社会を築くこと、憲法に明記された「健康で文化的な社会」を実現することこそ、いまの私たちの課題ではないでしょうか。戦争で非業の死を遂げた犠牲者は、亡くなる間際、平和な世界を願望したことでしょう。その意志と夢が結晶したのが日本国憲法です。私たちがすべきことは、憲法をただ「守る」だけではなく「活かす」ことだと、僕は心から思います。

国はあとからついてくる

〽沢内《さわうち》三千石　お米《よね》の出どこ　枡《ます》で計らで　箕《み》で計る

岩手県旧沢内村《さわうちむら》（町村合併で現在は西和賀町《にしわがまち》）に伝わる民謡、南部牛追唄の歌詞だ。コメの産地という意味の裏に、年貢が払えないため領主に人身御供《ひとみごくう》に出された村一番の美女「お米《よね》」の悲しい運命への同情が込められています。「箕」は「身」を暗に指しています。

村の苦難は昭和になっても続きました。冬は3メートルの雪が積もって村から外に出られません。極貧のため病気になっても治療費が払えず、医者にかかれるのは死亡診断書を書いてもらうときだけと言われました。しかも無医村で、病院に行くにも遠い町に行くしかなかったのです。

そんな豪雪と多病多死と貧困にあえいでいたこの村が、憲法の理念を活かして日本最高の自治体に生まれ変わりました。

それを成し遂げたのは「生命村長」と呼ばれた深澤晟雄《ふかさわまさお》氏と彼に呼応した人びとです。

深澤氏が村長になったとき、乳児死亡率は全国平均の2倍。全世帯の1割が生活保護を受けていました。老人は家計に負担をかけたくないため、病気になっても医者にかかろうとしませんでした。姥捨《うばす》て山《やま》のような状況だったのです。

深澤村長は、乏しい予算からまずブルドーザーを買って除雪し、冬季の交通を確保しました。採用した保健師3人は雪山を歩いて民家を一軒一軒訪ね、乳児の健康を指導しました。この結果、沢内村は1962年に、全国の自治体ではじめて乳児死亡率ゼロを達成したのです。

立派な村立病院を建て、東北大学に日参して優秀な医師を招きました。老人が安心して病院に行けるよう、65歳以上の医療費を無料にしました。

このとき岩手県庁から待ったがかかりました。国の法律では医療費が無料になるのは70歳からなので、村がやろうとしていることは法律違反だというのです。ふつう村は県の指導に従いますが、深澤村長は違いました。県に対して毅然と主張したのです。

「われわれは憲法の生存権を実現する。国はあとからついてくる」

憲法25条は「すべて国民は、健康で文化的な最低限度の生活を営む権利を有する」とうたっています。沢内村は人間の命の尊厳を守るために、国や県の権威をものともせず、憲法を根拠に闘ったのです。

深澤村長は自らの健康を顧みず村人のために働き、がんで亡くなりました。村人たちは猛烈な吹雪の中、泣きながら総出で棺を乗せた車を見送りました。

いまも山奥にしては驚くほど立派な病院があります。その前には深澤村長の資料館とともに「老人医療無料診療発祥の地」の記念碑が立っています。２０１２年には「乳児死亡率ゼロ50周年の集い」が資料館で行われました。

南部牛追歌の歌詞は「〽江刈《えかり》葛巻《くずまき》　牛方《うしかた》の出どこ」と唄います。葛巻町《くずまきまち》も岩手県の山奥にあります。

僕が訪ねた２０１２年、葛巻町の職員は「この町にはＪＲの駅もない、コンビニもない。何もないから、自分たちで何かするしかなかった」と語りました。

何をしたのかといえば、自然エネルギーの先駆けとなったのです。産業廃棄物の処理施設を建設しようとする計画に反対して、町民が「自然を守れ」と声を上げました。ただ町の自然を守るだけでなく、積極的に自然の力をアピールしようと風力発電を開始したのは１９９９年。この年、「新エネルギーの町」を宣言しました。現在15基の風車が回っており、太陽光発電も行っています。

日本最低から全国一になった沢内村、何もないところから自然エネルギー利用の仕組みをつくり上げた葛巻町。いずれも「ないものねだり」でなく「あるもの探し」をしたのです。「あるもの」とは自然の力、そして人間の力です。

自由は土佐の山間より出づ

風力、太陽光、水力、地熱、バイオマス……自然エネルギーを総動員して、約10年で自然エネルギーの模範的な自治体を創造した過疎の町があります。高知県の梼原町《ゆすはらちょう》です。最初に手がけたのは山頂に建つデンマーク製の2基の風車です。人口4000人で1年間の税収が3億円なのに、2億2000万円を出しました。

それができたのは「必ず将来のためになる」という確固たる信念、したたかさ、そして民主主義を貫いたからです。先頭に立ったのが当時の中越武義《なかごしたけよし》町長でした。

就任すると、「町を良くしたい人、集まれ」と呼びかけ、18歳から74歳までの15人をドイツとスイスに派遣しました。そこで見たのが風力発電です。帰国した派遣団は自然エネルギーによる町づくりを熱心に説きました。住民アンケートをすると95%が風車に賛成しました。

風車が稼働を始めたのは平成11年（1999年）11月11日午前11時11分。町民が風車の下に集まるなか、中学生の男女2人がスイッチを押すと羽根が回り始めました。町長はその前に四国電力と交渉し、電力が余れば高額で売電する協定を結びました。

わずか5年で元がとれたのです。以後は毎年４０００万円が町に入りました。それを環境基金として蓄え、自然エネルギーの財源としました。太陽光パネルを採用する町民に、キロワット当たり20万円を助成しました。

古くなった役場を建て替えるとき、鉄筋４階建てを木造2階建てにしました。町議会の議場は机を並べただけ。地震など災害のさいに避難所に使うためです。

役場も公民館も学校も、すべての町立施設の屋根は太陽光パネルで覆われています。住宅も多くが太陽光を採用していて、高い所から見下ろすと文字通り街が輝いて見えるのです。

中学校のそばの川を少し堰《せ》き止め、６メートルの落差を利用して水力発電をしています。その電力で学校の照明やエアコンはすべてまかない、余った電力は町の街路灯に使っています。

日本各地の学校で、エアコン設置費用が出せず、子どもたちが真夏に汗を流しながら勉強しているという話をよく聞きます。お金がないのなら、自分たちでエネルギーをつくり出せばいいのです。

荒れた森を手入れすれば補助金を出しました。間伐を進めたため新しい雇用が生まれました。森が保全され、間伐材はバイオエネルギーの材料となりました。

さらには町民が安心して生活できる予防医療の仕組みを整えました。輪番で毎年、20戸に１

人の割合で健康・福祉の世話係を決め、係の人には年に8日間、1日8時間の勉強をしてもらいます。その結果、病人が減って町の医療費負担も減りました。

一人暮らしのお年寄りの家には、町費で光センサーを取り付けました。役場にはそのモニターが置かれていて、お年寄りが倒れて動けなくなれば、センサーが感知して役場の職員が家庭に駆けつけることができる仕組みです。

原発にも素早く反応しました。隣町に放射性廃棄物の処分場を建設する計画が持ち上がると、他の自治体に先駆けて反対しました。

このように環境と民主主義と人間が安心して暮らせる町づくりを並行して進めたのです。町がめざしている将来の姿に、憲法25条の生存権や国民主権の精神が貫かれています。憲法を活かしているのです。

国や政府が何もしてくれないとグチを言う自治体は多いけれど、自治体自身が自分の工夫と力で変わることができるのです。２００９年に環境モデル都市になると、２０５０年までに風車を40基に増やすと宣言しました。

明治時代には「自由は土佐の山間より出づ」といわれました。いまや自然エネルギーも土佐の山から広がろうとしています。

グチを自治に変えよう

東日本大震災の1週間後、僕は山口県の祝島《いわいしま》を訪れました。原発の受け入れを拒否し、30年にわたって運動を続けてきたこの島の人びとを知るためです。

当時33歳の若きリーダー山戸孝さんと一晩、語りました。彼はきっぱりと言いました。

「環境で飯が食えるか、という漁師がいます。でも、環境がよくなければ漁業は成り立たない。生活の礎を守らなくてどうしますか」

彼は大阪で会社員をしたあと、島にUターンしました。放置された畑でビワを育て、農業の喜びを知りました。海でヒジキを採って薪で炊き、天日で干して出荷しています。

感心するのは前向きなことです。祝島の在り方が日本の将来をつくると「自然エネルギー100%プロジェクト」を立ち上げ、太陽光発電をしています。

先日、東京のスーパーの自然食品コーナーにヒジキのパックが山積みしてありました。山戸さんの製品です。手書きのメッセージが入っていました。

福島県いわき市の丹治杉江《たんじすぎえ》さんは原発事故から3か月後、映画「寅さん」の上映会を開きました。不安と緊張が極限に達したとき、仲間が集まり映画会を開くことで前向きに生きるきっかけになりました。

その後は群馬県前橋市に避難し、国と東京電力を訴える集団訴訟の原告になりました。100回を超す講演のほか、被災地の案内も行って、原発のひどさを訴えています。

「寅さん」シリーズの最終回に、1995年の阪神淡路大震災で被害を受けた神戸市長田区が出てきます。画面に登場するパン屋のモデルとなった「くららべーかりー」は、従業員の多くが障がい者です。

障がい者の自立をめざして店を開いたのは石倉泰三さんと悦子さん夫妻です。手を開くことができない子が手の甲でパンを丸め、車椅子の子がレジの番をしました。

震災が起きたのは開店から9か月後です。壊れた店の前で呆然とする石倉さんに、知的障がい者のKちゃんが「パンを焼こうよ」と言いました。その言葉に勇気づけられてパンを焼き、道行く人びとに無料で配りました。

「くららべーかりー」と地元の小学校との交流が続いています。障がい者が授業で話し、子どもたちがパンをつくりに店に来ます。周辺を歩くと、車椅子を押す若者や、喫茶店の前に車椅子がある風景があたりまえになっています。震災でめげるどころか、そこから共生の町づくりを発展させたのです。

水俣病の発見から50年経った2005年、僕は水俣市を訪れて驚きました。ヘドロの海がエメラルド色のきれいな海に蘇っているではありませんか。

水俣市職員だった吉本哲郎さんは、水俣病に対処するにあたって、「逃げるな」と自分に言い聞かせました。周囲の人びとに呼びかけたことが2つあります。「ないものねだりでなく、あるもの探しを」と「グチを自治に変えよう」です。

水俣市はこの年、日本の環境首都コンテストで1位に輝きました。日本最悪の公害都市が日本一の環境都市に一変したのです。

吉本さんは言います。「失敗に学ぶことです。失敗を認めることから再生が始まる。失敗を繰り返さない仕組みを発信するのが、これからの水俣の50年です」

あとがき

これまで45年間、ジャーナリストとして仕事をしてきました。主に国際報道の分野です。朝日新聞の特派員を3度しました。最初が中南米です。ブラジルのサンパウロに支局を構えて3年住み、メキシコ以南の中南米全域、33か国を一人で受け持ちました。通訳も助手もいない、まったく一匹狼の世界です。

赴任して5日目に、ニカラグアに飛びました。午後6時の飛行機に乗ってサンパウロからリオデジャネイロまで1時間、そこから国際線に乗り換えてアメリカのマイアミに着くのは翌朝の午前5時です。空港で4時間待って9時発の便でメキシコへ。そこから中米の5か国を〝各駅停車〟する飛行機に乗り換え、めざすニカラグアに到着するのは午後6時。出発からちょうどまる1日です。

当時のニカラグアは内戦をしていました。同じ国民どうしが殺し合う悲惨な戦争です。ホテルから車で前線地帯に向かいました。軍の司令部で通行証を手に入れ、前線司令部でいま最も激しい戦闘地点を聞き、国境地帯へ。丘を上ると、目の前で大砲が炸裂していました。

砲身だけで4メートルもある大砲のそばに、厳しい顔をした少年が銃を持って立っています。12歳、小学校6年生です。自ら志願して戦場に来たと言います。「なぜ？」と聞くと、「勉強したいから」と答えるのです。早く戦争を終わらせて、平和な社会で落ち着いて勉強したいと言うのです。将来の夢を問うと、彼は「僕は海洋生物学者になる」ときっぱり語りました。明日の命があるかどうかも知れない小学校6年生の少年が確固とした将来の夢を持っていました。

南米のペルーでも12歳の少年に会いました。夜と早朝に空港で靴磨きをしながら学費を稼いでいたのです。貧しさにめげず、純真な心をしていました。

開発途上国と呼ばれる地域で人びとの暮らしは大変だったけど、懸命に生きようとする人は心に詩をもっていると感じました。

帰国後に朝日新聞で週刊誌『ＡＥＲＡ』が創刊され、編集部員になりました。創刊準備号のために、ちょうど民主化する時期だった韓国に1か月取材に入りました。発刊後はベトナムやフィリピンなど主にアジアをまわり、ベルリンの壁が崩壊したさいには東欧に飛んでドイツからチェコ、最後は革命の真最中のルーマニアに入り、市街戦の中を走り回りました。

次に特派員となったのは欧州、スペインです。赴任するとユーゴで内戦が始まり、ユーゴを1か月、取材しました。難民たちのほとんどが「1か月もすれば平和になる」と楽観していました。ところが、政治家は広告代理店にお金を払って国民を戦争に駆り立てていたのです。

3度目の特派員が米国です。赴任したのが2001年9月1日付けです。その10日後に9・11のテロが起きました。アメリカはすぐに愛国社会に変わり、それからは地球のどこかで戦争をしかけ、国内ではテロ騒ぎが頻繁に起きました。

退職したあとはフリーのジャーナリストをしています。これまで取材で訪れた国は82か国に上ります。

この本に書いたのは、僕が取材で出会った人びとの姿です。民主化を求めて独裁政権に抵抗する人びとは毅然としていました。極貧のスラムの中でも人びとは希望を持ち、豊かな生活を求めて活動していました。日本では想像もできないような困難な環境の下、圧力にめげず、権力に屈することも忖度《そんたく》することもなく、信念を述べ行動する人は美しく輝いていました。

私たちはともすれば気弱になります。特に日本の場合は、自分の意見をもつ前に周囲を見渡し、つい黙ってしまいがちです。そのあとには後悔しか残らない。一方で、自立した行動をとればリスクを背負います。不利な立場に追い込まれることもあります。でも、自分に誇りをもてます。

行動の選択を迫られ、思い余ったとき、世界の人びとがどんな行動をとったかを知れば、勇気も湧いてくるでしょう。自分の身のまわりだけを見ていても、展望は開けません。この本が、あなたが一歩を踏み出す後押しになれば幸いです。

本書は、全国商工団体連合会が発行する週刊紙『全国商工新聞』に連載した「憲法を活かす世界の人々」（２０１４年１月から４月）と「したたかに生きる——抵抗と自立を求めて」（２０１７年８月から18年３月）の２つのシリーズに加筆し、新たな項目も追加して一書としたものです。連載を提案してくださった上敷領千枝子編集長、そして連載を本にまとめて出版することを提案し、原稿を丹念に読んでアドバイスをくださったあおぞら書房の御立英史さん、楽しいイラストを描いてくださった大野以津美さんに心から感謝します。

２０１９年２月

コスタリカの首都サンホセにて　伊藤千尋

著者プロフィール

伊藤千尋（いとう・ちひろ）

ジャーナリスト。1949年、山口県生まれ。東京大学法学部卒業。1974年、朝日新聞社に入社。サンパウロ支局長、バルセロナ支局長、ロサンゼルス支局長などを歴任、40年にわたり主に国際報道の分野で取材を続けた。2014年に朝日新聞退職後も、フリーのジャーナリストとして各国の取材を続け、精力的に執筆と講演を行っている。「コスタリカ平和の会」共同代表、「九条の会」世話人。
主著に『凛としたアジア』『凛とした小国』『9条を活かす日本』（以上、新日本出版社）、『今こそ問われる市民意識』（女子パウロ会）、『反米大陸――中南米がアメリカにつきつけるNO!』（集英社新書）、『歴史は急ぐ――東欧革命の現場から』（朝日新聞社）、『燃える中南米――特派員報告』（岩波新書）など多数。

世界を変えた勇気――自由と抵抗51の物語

2019年4月15日 第1刷発行

著者……………伊藤千尋
イラスト………大野以津美
装丁……………吉林 優
組版……………アオゾラ・クリエイト
制作協力………秋山 桃
発行者…………御立英史
発行所…………あおぞら書房
〒244-0804 横浜市戸塚区前田町214-1 GMH 2-121
https://www.blueskypress.jp
メール：info@blueskypress.jp
電話：045-878-7627 FAX：045-345-4943
印刷・製本……モリモト印刷

ISBN 978-4-909040-02-2
2019 Printed in Japan